日本国の誕生

白村江の戦、壬申の乱、そして冊封の歴史と共に消えた倭国

小松洋二

Komatsu Yoji

不知火書房

はじめに――日本書紀はなぜ卑弥呼を書かないのか

古代史に興味を持ち、文献を読み漁り始めた頃、素朴な疑問が生じた。我が国の正史とされる『日本書紀』（以下『書紀』と略称する）が、古代史の花形テーマである邪馬台国や卑弥呼について、何も記していないことへの違和感である。

記述が一切ないと言えば、反論もあろう。確かに神功皇后紀の一部には、「魏志に云はく」として、使節の交流があったことが記されてはいる。しかし、それはあくまで『魏志』の引用であって、我が国が自らの歴史を述べたものではない。『書紀』が編纂される時点で、中国の史書に関する知識があった編纂者が、倭の女王に比定し易い神功皇后に仮託して、付言したに過ぎない。当然のことながら、時代も異なるし、卑弥呼の名前もない。使節の交流には触れながら、卑弥呼が親魏倭王として、魏の冊封を受けた事実は、慎重に伏せている。

この疑問は、私の研究の進捗と共に内容を変えながら、遂に私の生涯の研究課題となった。未だ完全解明に至ったと言うには不十分な点も多いが、私自身の年齢や健康状態を考えると、この辺りで一度取りまとめて、諸賢のご批判を仰いでおくべく、起稿した次第である。

本書の最大のテーマは、古代における中国王朝による冊封問題であり、その研究を通して、七世紀後半の動乱の中で、如何にして日本国が誕生したかの解明である。当時の中国王朝である唐朝廷の冊封下にあった倭国が、如何にして独立国日本になり、唐の承認を得るに至ったのか。先人の知恵と努力に敬意を払いつつ、考察を試みたい。

倭国は日本国の古称か

本書の副題の如く、倭国は七世紀中に姿を消し、代って日本国が成立したと私は考えている。

古代において我が国が、中国や朝鮮諸国から倭と呼ばれ、自らも大倭国などと称していたことは、周知の事実である。他にも扶桑や日の本等の呼称が見られる文献もあるが、何れも断片的な記述であり、倭国の別称としか考えられない。少なくとも七世紀の時点で、関東以西の日本列島に、倭国以外の国家が存在したことを証明することは出来ない。

倭国が日本国の古称であるなら、何時、如何なる理由で国号が替えられたのか、解明が必要である。それが本書の目的であることは既に述べたが、残念ながら現在の日本史教育では、その点には全く触れていない。それは『書紀』に基づく史観が歴史学界に定着し、あたかも日本国が有史以来存在したかのごとき幻想を抱かせたことに因る処が大きい。皇国史観は論外としても、戦後の歴史学においてすら、尚、存在感を失わぬ万世一系の大和朝廷がある一方で、中国の史書が倭国の王として名を記す、卑弥呼や倭の五土、阿毎多利思比孤などが『書紀』には一切登場しない。これでは倭国と日本国が別個に、しかも同時期に同じ日本列島で存在していたことになるが、歴史学界はこの珍現象を、十分に説明していない。

実を以て対へず／情を以てせず

国号について、近隣諸国ではどのように解釈されていたのであろうか。

先ず『三国史記』新羅本紀は、文武《もんむ》王十年（六七〇）に「日辺に近きを以て（日の出る処に近いから）」国号を日本に替えたと記している。日本の国号関連記事では最も古く、変更理由も単純で分りやすいのだが、「新羅本紀」には特別な狙いがあり、鵜呑みには出来ない点もある。それは本文中で述べる。

中国で同時代を記録した史書である『旧唐書』は、「（倭という）その名雅ならざるを悪みて」

自ら替えたと記す一方で、「或云、日本旧小国併倭国之地」と、日本が倭国を併合したかのごとき説を併記する。併合となれば、当然武力行使も伴ったことであろうが、それを証明する史料は存在せず、伝承すらもない。加えて『新唐書』では「日本乃小国為倭所幷」と、反対に倭国が日本を併合したような記述になり、『旧唐書』とは矛盾することになる。

要するに当時の中国、唐王朝では、本当のところは分っていなかったのである。だから諸説併記となったのだが、その訳の分らない迷路へとミスリードすることこそが、『書紀』編纂の最大の狙いであった。勿論現代のように、世界各地の情報が瞬時に入手できる状況下では、成立する話ではない。情報伝達には人物の往来が不可欠であった時代なればこその話である。

八世紀に入って倭国は忽然と姿を消し、三十年近いブランクを経てやってきた遣唐使は、自らを日本人だと名乗った。言語も習俗も倭人そのものだが、国号は日本であり、古来大和朝廷の支配する国であったという。倭国との関係を質しても明快な回答は得られず、摑み処がない有様に対し唐側は、「実を以て対へず」（旧唐書）「情を以てせず」（新唐書）と記し、不信感をにじませている。

冊封の呪縛からの脱却

『書紀』の成立は七二〇年であるが、編纂作業が行われた七世紀後半から八世紀初頭の東アジアは激動の時代であった。大陸では隋から唐へと王朝こそ交代したが、律令を基盤とした強力な冊封帝国が存在し、機を見ては版図拡大を画策していた。その影響は先ず朝鮮半島諸国を直撃し、百済、次いで高句麗が滅亡して統一新羅の時代となる。半島の嵐は当然倭国にも波及し、白村江の敗戦から壬申の乱に至る波乱万丈の時代を経て、新生日本国となった。

『書紀』はその日本国の正史であり、満身創痍となった倭国の痕跡を残したものであってはならない。とりわけ中国の歴代王朝に対する朝貢外交に関する事績は、細心の注意を以て除去された。卑弥呼や倭の五王の記述がないのはこのためである。そして歴代の中国王朝から冊封を受けたことなど一度もない、開闢以来無垢の日本国を誕生させたのである。

国号変更の目的は、一にかかって唐の冊封から逃れることにあった。冊封を受けるということは、唐の皇帝の臣下に組み込まれることであり、様々な命令にも従わなければならないことを意味する。

冊封の利害は一口では言えない。相手の王朝の立場や考え方によって、有益であったり無益であったり、様々である。卑弥呼の場合は諸国連合を維持する上で、魏の冊封は有益であったかもしれないが、倭の五王のケースでは、中国の南朝自体が弱体化していて、威令が周囲に及ばないから役に立たない。武王が朝貢を止めてしまったのも、無理からぬものと言えよう。

しかし、もっと厄介なケースもある。それは王朝が強力で、勢いに乗って拡大政策を採り、周辺諸国とトラブルを起こしている場合で、まさにこの時代の唐がこの条件に合致する。このような王朝の冊封下にいるということは、常に手伝い戦に駆り出され、その命令を拒めば反逆とみなされ、自分が討伐の対象にされる危険性も出てくることになり兼ねない。

倭国がこのような馬鹿げた冊封を受けるに至った直接の原因は、百済救援戦争に介入し、白村江の戦で致命的な敗北を喫したことに因る。本書ではまず白村江の実態解明を行い、その後に冊封受諾とその呪縛からの脱却に関する諸問題を書き進めたい。背景の説明などにも相当以上に紙面を費やすことになろうが、要は危機を回避し、国益を護る為に何をしたのかである。その点を主眼として、可能な限り具体的な説明を試みようと思う。

憂国の史書

最後に、『書紀』について一言付言したい。紀年の誤魔化しや、明らかな捏造記事などもあって、史料価値も過小評価されがちな『書紀』であるが、前述のように、冊封帝国唐の干渉から逃れることを目的に編纂されたものだとの観点に立って考えれば、多少は異なる評価があってもよいのではあるまいか。

編纂者達は卑弥呼の存在を知らなかったのではない。彼らは史料となる『三国志』も『後漢書』も読んでいた。卑弥呼を無視したのは、彼女が「親魏倭王」として、中国王朝（当時は魏）の冊封を受けていたから、意図的に消されたのである。新生日本国に冊封の痕跡などあってはならないのだ。

このように捏造であれ強弁であれ、唐の冊封下から逃れるためのあらゆる手段を駆使した、編纂者達の使命感あふれる『書紀』を、「憂国の史書」と私は位置づけたい。

尚、本書は筆者自身が、市民の古代（関東）の会誌「古代の風」一四八号（二〇〇六年十月）に投稿し、以後断続的に掲載されたものを基に、若干の加筆修正を行ったものである。また一部は九州古代史の会の会誌「ニュース」九八～一一三号（二〇〇一年七月～二〇〇四年一月）に連載した「白村江以後の倭国」とも一部重複するものであることをお断りしておく。

主たる史料としては『日本書紀』、『旧唐書』、『三国史記』を用いた。

目次

第三章　天智称制の真相

第七章　文武天皇の正体

日本国の誕生

白村江の戦、壬申の乱、そして
冊封の歴史と共に消えた倭国

第一章

「四戦捷」が語る白村江の実態

滅亡した百済王朝を再興する為に朝鮮半島に出兵した倭国が、唐と新羅の連合軍に大敗したとされる所謂白村江の戦の実態解明を試みる。唐の水軍に敵前上陸を阻まれた倭国中軍は壊滅したが、既に上陸を果たしていた倭国前軍と、それ以前に渡海していた百済王豊璋付きの倭国兵は、対唐戦略を見据えた新羅王の英断で、ほぼ無傷で早期帰還を果し得た。

局地戦として見る白村江の戦

先ず、唐の冊封を受ける原因となった白村江の敗戦につき、正確な検証が必要である。一般に白村江の戦と言えば、この時期朝鮮半島各地で展開された百済王朝復興作戦の総称として用いられることが多いが、本書では六六三年八月二十七・二十八の二日間の、唐と倭国による水戦のみを指し、混乱を避けるため、周留《する》城を始めとする他の戦いは「百済救援戦争」と呼んで、区別する。

白村江の戦に触れた論考の多くが、百済救援戦争全般に言及した結果、原因や背景の説明に終始し、肝心の戦いそのものの検証が行われていないから、正しい結論に到達したとは言い難いものが多い。悲惨な大敗とか壊滅的被害といった言葉だけが独り歩きして、一足飛びに倭国滅亡などと暴論を展開したものもある。勝敗の結果は同じでも、倭国がどのような状況下でどのように戦い、どの程度の被害を受けたか、そこに踏み込まなければ白村江の研究とは言えない。

勿論、先行の研究にも、見るべきものはあった。小林恵子《やすこ》氏の『白村江の戦いと壬申の乱』と牛島康允《やすちか》氏の『検証 白村江の戦い』は数少ない実戦の研究図書であり、参考にさせていただいた。

冒頭で述べた如く、白村江の戦自体は局地戦であり、唐と倭国の総力戦などというものではない。しかしその影響するところは極めて大きく、一連の百済救援戦争の終焉につながった。倭国は任那を失って以来の宿願であった、朝鮮半島における拠点づくりを断念し、完全撤退を余儀なくされたばかりか、唐による冊封問題までも生じさせてしまったのである。

これらの問題を時系列に従って述べようとすれば、原因や背景の説明から始めざるを得なくなり、前車の轍を踏むことになりかねない。そこで本章では白村江の戦の実態解明に焦点を絞り、第二章以下で関連する諸問題の内、従来の研究者があまり触れていない点や、視点を変えれば従来の通説と明らかに異なって見えてくる事柄などについて、私見を述べることにする。

尚、先述の周留城であるが、これは唐側の呼称であって、『書紀』では疏留、州柔、『三国史記』では豆率、豆陵伊などと記されているが、みな同じとする岩波の解説に従い、本書では周留城で統一する。但し、その所在の候補地を錦江下流域としたのは明らかに間違いで、戦いの論理に考えの及ばぬ歴史学者の限界を示す一例であろう。私の考えについては、白村江の場所と共に後述する。

四戦捷が語るもの

本章の表題にも用いた「四戦捷」は『旧唐書』劉仁軌伝の白村江の実態描写として見逃せない。原文の該当部分は「仁軌遇倭兵於白江之口、四戦捷、焚其舟四百艘、煙焔漲天、海水皆赤、賊衆大潰」であり、戦いの核心部分の記述である。尚、『旧唐書』百済伝にも同様の記述があり、倭兵を豊璋の兵と書き、四戦皆捷と皆が一字入ったのみで、それ以外は全く同じである。

なぜ四回なのか

四戦捷とは四回戦って勝ったということで、他に解釈の余地はない。そこまでは先行の研究者も述べているが、何故四回なのかという疑問に踏み込んだのは、私の知る限りでは小林惠子氏だけである。

考えてみれば四戦捷とは中途半端な数であり、意味もなく数を記す筈もないから、これは間違いなく実戦の回数である。何回戦っても勝ったというのなら、百戦百勝とでも書くであろうし、圧倒的な戦力差で一気に屠ったのなら、そのように書けばよい。

小林氏は四回という戦いの回数に注目され、第一戦は八月二十七日に廬原《いおはら》君が率いてきた増援軍と戦い、第二・第三・第四戦は翌二十八日に倭国の前軍、中軍、後軍が夫々相手であったと想定されたが、これは同意できるものではない。

小林説の難点は、まず船の数と兵の数が釣り合わないことである。『書紀』が記す三軍の兵の総数は二万七千名であり、廬原君が率いた兵が万余であるから、これが小林説通りの増援軍であれば、合わせて四万近い兵員数になる。一方『旧唐書』では、四百艘を焼いて壊滅させたというのだから、一艘当たり百名近い兵が乗船していたことになるが、これはどう見ても無理な数字である。倭国軍の乗員は、一艘当り三十名以下でしかないのだが、詳細は唐の兵力と共に後述する。

更におかしいのは、倭国軍が何故四回に分かれて戦ったのかという点である。二十七日の増援軍は別行動だったとしても、二十八日の三軍については説明がつかない。目の前で友軍が焼かれ、壊滅するのを傍観していることなど考えられようか。当然一緒に戦うか、或いは逃げだすか、何等かの行動に出るだろう。

小林氏が戦いの回数を四回として、その意味するところの解明に取り組まれた姿勢は、大いに評価したい。しかし四戦だから相手が四グループと思い込み、倭国軍として『書紀』が記したものを、安易にそれらに比定したのは間違いと言わざるを得ない。

四回の戦機

私は四戦の意味を、四回の戦機と解釈した。相手は同一の倭国軍だが、一回では勝負がつかず、二日間、四戦目にして壊滅させたというのである。

二日間で四回の戦機とは、潮の干満以外には考えられない。この場合は当然満潮で、倭国軍が上陸するには欠くべからざる条件である。満潮に乗って陸近くに船を進め、上陸を試みる倭国軍と、それを阻止する唐水軍との戦いが、一度二度では片付かず、四回目の満潮時において終結を見たのである。

輸送船と駆逐艦

倭国軍が輸送船団であると指摘したのは牛島康允氏である。氏の軍事専門家としての見識には、この点に限らず教わることが多い。牛島氏は白村江における両軍の有様を、駆逐艦の包囲網に入った輸送船団に例えられたが、大変解りやすい説明である。

陸兵

倭国軍は周留城などに向かう陸兵であり、水戦の用意はしていなかったと私も思う。水戦を予期し、その準備をして白村江に乗りこんだのであれば、四百艘の倭国軍が百七十艘の唐軍に、一方的に負けるとは考えられない。唐軍百七十艘の数字は『書紀』が記しており、その兵が七千名であることは『旧唐書』が明記しているから、数字の根拠は明白であり、信憑性も高い。数の上では優勢な倭国軍が敗れたのは、戦備の違いの一言に尽きるのであるが、唐が倭国対策としてどのような準備をして臨んだかは後述する。尚、新羅は水戦そのものに直接参加はしていない。

喫水

また、船の大きさの違いについての懸念も、この場合は問題外である。事実ある論考で、唐の大船に対し、倭国の小船は歯が立たなかったと、見当はずれの推論を述べた論者がいた。しかし船には喫水という問題があり、大船と小船が至近距離で戦える場所は、水深の深い広海上に限られる。仮にそのような場所での戦闘なら、如何に大船でも百七十艘で小船四百艘を包囲し、殲滅することなど不可能である。小回りの利く小船の、大半は逃げてしまうだろう。

「新羅本紀」は文武王の書簡のなかで、倭国船団を岸から護衛していた百済兵を、新羅の騎馬隊が駆逐したと述べている。この証言からも判るように、倭国軍は間違いなく岸近くにいて、上陸の機会を窺っていたのである。これを襲う唐の軍船も、同程度に喫水の浅い小船でなくてはならぬことは当然である。

尚、この時の「新羅本紀」が「倭船千艘白砂に停泊」と記していることから、倭国の船団が千艘だったとの主張が一部にあるが、この「倭船千艘」は多くの船を表現した言葉と解すべきである。「新羅本紀」の数字には、孫仁師が唐から連れてきた水軍七千名を四十万人と誤記するなど、一般的に信憑性の問題もあるが、何よりも戦った相手の唐が、四百艘を焼いて全滅させたと書いているのだから、それに勝る証言はない。

余談ではあるが、古田武彦氏の九州王朝説を支持する論者の一部に、倭船千艘の内六百艘は後の大和朝廷の船であって、彼等は土壇場で九州王朝を裏切り、戦わずして引き返したとの主張がある。何の根拠もない数合わせの推論ではあるが、史料が自説に都合よく利用される一例として、注意を喚起すべく採り上げた。この問題に関しては第三章以下で詳述するが、土壇場で裏切るくらいなら最初から渡海することもなかろうし、裏切ったからにはそれなりの見返りがある筈だが、終戦処理にあたって、そのような痕跡は何も読み取れない。九州王朝を真面目に検証している人達にとっても、迷惑な妄想であろう。

話が横道にそれてしまったので、今一度確認しておこう。

唐が百七十艘で七千名、倭国は四百艘で一万名強であり、唐船数は『書紀』が、唐兵数と倭国船の数は『旧唐書』が夫々記している。倭国軍一万名強は『書紀』を正確に読めば、間違いようのない数だ。周留城にいた豊璋が、出迎えと称して城を出たのは、廬原君の軍への合流が目的であったからである。

これで計算すると、唐が一艘当り四十名強の乗員であり、対する倭国は二十五名とかなり少ないが、遠征軍の輸送であるから、武器や兵糧に加えて馬まで載せると、乗員が少なくなるのは当然である。尚、『書紀』の前年の記述では、倭国が百済王として送還する余豊璋に与えた兵は五千名、それを運んだ船は百七十艘で、一艘当り二十九名と大差なく、共に安曇比邏夫が輸送に携わっているのだから、船も多分同一のものであろう。

以上に述べた如く、倭国は船、兵員共に数では唐を上回るものであったが、その実態は輸送船団であり、万全の戦闘準備をした駆逐艦隊のような唐水軍とは、当初から対等な戦力と言えるものではなかったのである。

白村江の倭国軍は中軍

白村江に現れた倭国軍は、三軍の総勢ではないことは明白である。『書紀』が三軍の将名と兵力を記すのは天智二年（六六三）三月であるが、すぐに渡海したとは書いていない。その後六月になって、前軍が新羅の二城を取った記述があるから、前軍の渡海はこの間のことである。この時点では未だ中軍や後軍に関する記述はなく、三軍が一緒に行動していたとは思えない。仮に三軍が揃っていたなら、前軍単独の軍事行動は不自然である。

このような状況から見て、八月二十七日に白村江にやって来たのが中軍と考えられる。指揮官の名前が違っているが、前の発表の三月から半年近く経過しており、その間何らかの事情で巨勢神前臣や三輪君から廬原君に変更になったものであろう。『書紀』の八月二十八日の記述には、「中軍の卒」の文字も確認される。一万名強の兵員も、三軍の合計が二万七千名だから、大きく矛盾するものではない。

二万七千は三軍の総数

白村江関連の論考の中には、前軍を二万七千名と書いたものを結構見かけるのだが、それは間違いである。『書紀』は前、中、後軍の将と副将の名を列記した後に二万七千の兵員数を記しているのだから、これが三軍の総数なのは当然だ。単純に三等分すれば九千名だが、船の積載能力の限度一杯まで渡海させようとしたであろうから、その他の積み荷との関係にもよるが、中軍が一万名強だとしても、納得できる範囲であろう。

輸送能力と徴兵の難行

前軍と中軍、後軍が別行動を取らざるを得なかった理由は、一つには船の輸送能力であろう。目的地の周留城に近く、且つ敵前上陸の可能な場所は限られている。そこは水深が浅くて大船は使えず、かといって川舟のような平底では、外海は乗り切れない。このような制約下で安曇比邏夫達に調達し得たのが、約四百艘であったということである。

しかし、前軍の渡海が六月初頭だとしても、中軍の渡海まで三か月近くを要しており、船の修理などを考えても、少々時間が掛かりすぎているようだ。或いは兵の動員に手間取っていたのかも知れぬ。先に豊璋につけて五千名を送り、加えて前軍が約一万名渡海しているから、手近な西国の兵だけでは足りず、広く東国辺りからの動員も行われたであろう。徴兵制の基礎となる庚午年籍の完成はまだ先の話である。

今一つ見落としてはならぬ要点は、この派兵目的が百済救援戦争だということである。当時の倭国朝廷内は微妙な状態にあった。六四五年の乙巳の変で成立した孝徳政権は、通称大化の改新とも言われるように、唐を手本とした律令国家を目指したが、守旧派の抵抗であえなく挫折した。孝徳朝の中央集権路線から、以前の豪族合議制に半ば逆戻りしており、蘇我政権以来の親百済派が優位にたってはいたものの、当然親新羅派の勢力も侮りがたく、百済救援目的の徴兵が難航したことは容易に推察できる。この問題は第二章以下で詳述するが、ここで敢えて言及したのは、この派兵の遅れが、白村江の敗戦の大きな要因の一つとなるからである。

前軍の行動軌跡

前軍の渡海は五月末か、遅くとも六月初頭である。『書紀』は六月に前軍が新羅の沙鼻《さび》岐奴江《きぬえ》という二城を取ったと記し、続けて鬼室福信殺害の記述となる。

福信軍との路線対立

福信殺害の実行者は豊璋であるが、前軍到着の影響が色濃く感じられてならない。通説では鬼室福信は豊璋との不仲で殺されたとされるが、事実はどうなのか推察してみよう。

『旧唐書』百済伝によれば、福信の抵抗軍は前年七月、熊津の唐軍に大敗しており、籠城による長期抵抗路線を採らざるを得ない状態になっていた。

一方豊璋は、早期に成果を上げる必要に迫られていたはずである。百済王として故国に戻った豊璋自身はともかく、彼の周辺を固めているのは、五千名の倭国兵である。隣国の厄介事などさっさと片付けて、一日も早く帰国したいのが本音であろう。城に籠って動かぬ福信との戦略路線対立が生じ、綱引き状態になっていたところに倭国前軍の約一万名が到着し、一気にバランスが崩れた結果と私は考える。

攻略した二城は旧百済領北辺

今一つの、沙鼻岐奴江という二城を取ったとの記述は、更に興味深いものである。この記述が福信殺害の前にあることから考えて、周留城に向かう途中の行動である可能性が高い。そう考えれば白村江の場所の特定に、極めて重要な手掛かりなのである。

これが沙鼻岐城と奴江城なのか、或いは沙鼻城と岐奴江城なのか、読み方が分らない。名称が定かでないのだから、当然場所の特定も困難である。しかし新羅の城だという以上、新羅領内に存在していたものであろう。

分りきったことと思われるかもしれぬが、古代の国境線など有って無きが如きに近く、双方の力関係で簡単に移動することがあるから厄介なのだ。この時点では、旧百済領の北辺は新羅領になっていた。かつて高句麗から攻められた百済が、安易に新羅の応援を乞い、そのまま居座られてしまったものであるが、いずれにせよ新羅は半島西岸へのルートを確保していたのである。

私見では沙鼻岐奴江の二城の所在地を、今は新羅の支配地となった旧百済領北辺と考えている。これは白村江の所在地確認に関係してくる問題なので、改めて詳述するが、白村江に上陸した倭国前軍は、周留城への進路にあった柵のような新羅の小城を抜いて通過したのである。

尚、六六〇年の百済滅亡後については、百済の地は唐の直轄領とされ、新羅は無断で立ち入ることを唐から禁じられた。唐軍への兵糧運搬や手伝い戦に限って出入りは認められていたが、新規の築城などは唐が認める筈がない。沙鼻岐奴江の二城は、新羅が西海岸へ向かうために確保した旧百済北部に存在したとしか考えられない。

唐の対倭国戦略

倭国の戦力や行動についての概略の説明を終えたので、戦った相手の唐についての検討に入る。

六六〇年に唐は蘇定方を将とする大軍を派遣して、百済王朝を滅亡させた。この軍事行動自体についてはすでに多くの研究があり、本書でも第二章で詳述するので、ここでは省略する。

蘇定方は熊津に鎮兵として一万名の唐軍を残し、熊津鎮将に任命された劉仁願に後事を託して帰国した。しかし一万の兵力では、百済王朝復活を目論む鬼室福信達の抵抗を抑えられず、事有る毎に新羅の助けが欠かせない状況であった。そこに倭国が本格的に介入する姿勢を見せ始めた。唐の視線が倭国に向けられたのは、豊璋の送還辺りからであろう。ここで熊津の唐軍は、本国に倭国対策の増援軍派遣を要請した。

鎮将と都督

増援要請は劉仁願から出されたと『旧唐書』百済伝に書かれているが、後の展開を見れば劉仁軌の間違いの可能性も考えられる。よく似た名前の両者であるが、仁願が熊津鎮将であるのに対し、仁軌はこの時点では熊津都督であった。鎮将が守備隊長だとすれば、都督は軍事も行政も併せた総責任者である。勿論仁軌が格上で、彼は『旧唐書』列伝などにも記された、高宗側近の能吏である。

余談であるが、都督や都督府の意味を取り違えた論考を、時折目にすることがある。都の文字のイメージから「みやこ」を連想したようだが、中国語で都とは複数の物を纏めて表現する場合の用語である。都督府は言うなれば総合庁舎のようなもので、都督はそこのトップである。だから天智紀に記された筑紫都督府の用語から、そこが天子の居所であるかのような連想を生むのは、中国語の勉強不足に過ぎない。

唐水軍の到着時期

増援要請にこたえて唐が新たに派遣したのは、孫仁師が率いる七千名の水兵である。鬼室福信達のゲリラ活動対策なら、熊津にいる唐の陸兵で事足りよう。明らかに対倭国戦を想定した水軍として、山東半島で訓練を受けた水兵（原文は海之兵）であった。

増援要請は何時出され、水軍は何時到着したのであろうか。わけても到着の時期が問題で、先に問題提起をした倭国中軍の派兵の遅れがなく、唐水軍より早いタイミングで到着していれば、白村江の悲劇は起こらず、後の展開も違っていただろう。

唐水軍の到着時期について、牛島氏は六月中旬と推定されたが、根拠は示しておられない。小林氏は「新羅本紀」の記述から五月とされたが、これは史料の誤用である。「新羅本紀」の記述は、この月（文武王三年（六六三）五月）福信達が豊璋を百済王として迎えたことに始まり、白村江の戦の後まで日付を改めずに続いているのだから、その全てが五月の記事でないのは言うまでもない。五月以降としか言えないのである。

またしても横道にそれるが、史料のこの種の記述には、細心の注意が必要である。記事にすべて日付があればいいのだが、前述のケースのように最初にのみ日付があり、その後に関連記事が日付なしで列記されることがよくあるからだ。

例えば『旧唐書』百済伝の場合、龍朔二年（六六二）七月に熊津の鎮兵が福信軍に大勝したことを書き、続けて日付なしで前述の増援水軍の記事や福信殺害の記事となり、そのまま白村江の記述へと続く。次に日付が記されるのは麟徳二年（六六五）八月だから、白村江の戦はこの間の出来事としか言えないのだが、頭書の龍朔二年説に固執する自称識者が結構存在する。

『書紀』では天智二年（六六三）のこととして書かれているから単純に比較はできないが、前述した如く六月条で前軍の沙鼻岐奴江城攻略を書き、続けて福信殺害を記すから、白村江六六二年説の手法に従えばこれも六月条であり、六月に殺された福信が七月に戦って大敗したことになる。ここだけは例外だと強弁し、福信の死を七月の敗戦以後だとしてみても、それを知った新羅がチャンス到来とみて、百済に向け出兵するのが七月十七日との「新羅本紀」の証言もあるから、いささか無理としか言いようがない。龍朔三年の記述が全くないのだから、白村江の戦は六六三年と見るのが自然であると言えよう。

私は唐の増援水軍到着を七月前半と思う。熊津の唐首脳が水戦で倭国を叩く必要を感じたのは、倭国前軍が易々と上陸し、新羅の二城を抜いて周留城に入ったからである。このようなことを許していては、何時まで経っても百済は片付かない。幸か不幸か沙鼻岐奴江の二城が落されたために、倭国軍の上陸地点の見当はついた。今後は水際で殲滅するのが上策と考えて、急遽水軍の派遣要請になったものであろう。

一旦熊津に入った水軍が、白村江に向かって出発するのは八月十三日である。これだけで見れば、水軍の到着は八月初頭でも間には合う。それを敢えて七月前半と見た理由は、『三国史紀』金庾《ゆ》信《しん》伝によれば、唐の命令を受けた新羅が、熊津に向けて王都を七月十七日に出発しているからである。唐は自分たちの決めたことを新羅に命令するのであって、新羅と対等な立場で協議することなど毛頭考えてはいない。このような唐の姿勢が唐羅同盟の亀裂の一因になるのであるが、それは第二章で述べる。

ここでは新羅に命令を発して呼び出した以上、その時点で熊津の唐首脳による作戦会議は終っており、水軍を率いてきた孫仁師も、当然その席にいた筈である。否、予想される対倭国戦の主役が水軍なのだから、作戦会議は孫仁師の到着を待って行われたと見るべきであろう。

劉仁軌、必勝の布陣

八月十三日に熊津を出発した唐の水軍が、何時白村江に到着したかは分らない。

牛島氏は『書紀』の記述から八月十七日とされるが、これは陸軍が周留城に到着した日であり、それに続く水軍布陣の記事を同日の事と断定出来ないのは、先に実例を以て示したとおりである。

小林氏は水軍の主たる任務を陸軍の糧食運搬と見ておられるようで、八月二十七日になって荷揚げ予定地の白村江に着き、前後して到着した倭国軍と遭遇して開戦に及んだと書かれたが、失礼ながら全くの見当違いと言わざるを得ない。『旧唐書』百済伝には確かに「水軍及糧船」の記述はあるが、それが陸軍の食糧であったなら、陸軍は十七日には周留城近くに布陣しているのだから、食料が十日以上も遅れてよい訳がない。陸軍の十七日周留城到着は、『書紀』だけでなく「金庾信伝」にも記されている。船で熊津から錦江を下って河口まで、引き潮を利用すれば一日で行けると書いておられるのは小林氏自身だ。二十七日になって白村江に着き、偶々倭国軍と遭遇したというのも、都合のよすぎる話であるし、仮にそうだとすれば、お互い輸送船団同士の筈だから、数に勝る倭国が負けるとは思えない。

以上、どの観点から見ても、小林説は成立しない。

私見では、唐は万全の戦闘態勢で白村江に布陣し、倭国軍の到着を待ち受けていたと思う。前述の糧船の記述は、倭国軍の到着の明確な日時までは不明であり、待機が長引いた場合に備えた、自分たちの食糧であろう。

唐水軍の指揮を執ったのが、本国から水軍を率いてきた孫仁師ではなく、劉仁軌であったことは注目に値する。熊津で行われた唐将達の作戦会議で、周留城先攻を主張したのは他ならぬ仁軌その人であるが、その主張は加林城や任存城に兵を分散するよりも、敵の主力である周留城を落とせば、後は自然に降るというもので、優れた大局観の持ち主である。その仁軌が周留城を他人に任せて、水軍の指揮官に回ったということは、彼が如何に倭国との水戦を重視し、必勝の態勢で臨んだかを物語るものであろう。

白村江が倭国軍の上陸地点であることは、前軍の軌跡から唐や新羅の知るところとなった。近いうちに倭国から第二陣が来ることも、倭国の親新羅派から情報を得ていたであろう。それを水際で叩くため、仁軌は本国に水軍派遣を要請する一方で、予想される戦場の地形、水深、水流等を詳細に調べ、綿密な作戦を練り上げたことと思う。さしたる予備知識もなく、到着したばかりの孫仁師が、指揮権を仁軌に委ねたのは当然である。

白村江の所在地は牙山湾

いよいよ白村江の場所について述べるが、『旧唐書』の記す白江、白江之口が、『書紀』の白村江と同一であることは間違いあるまい。それ以外にも資料によっては色々な名称も

「白村江」比定地、錦江中下流域と牙山湾

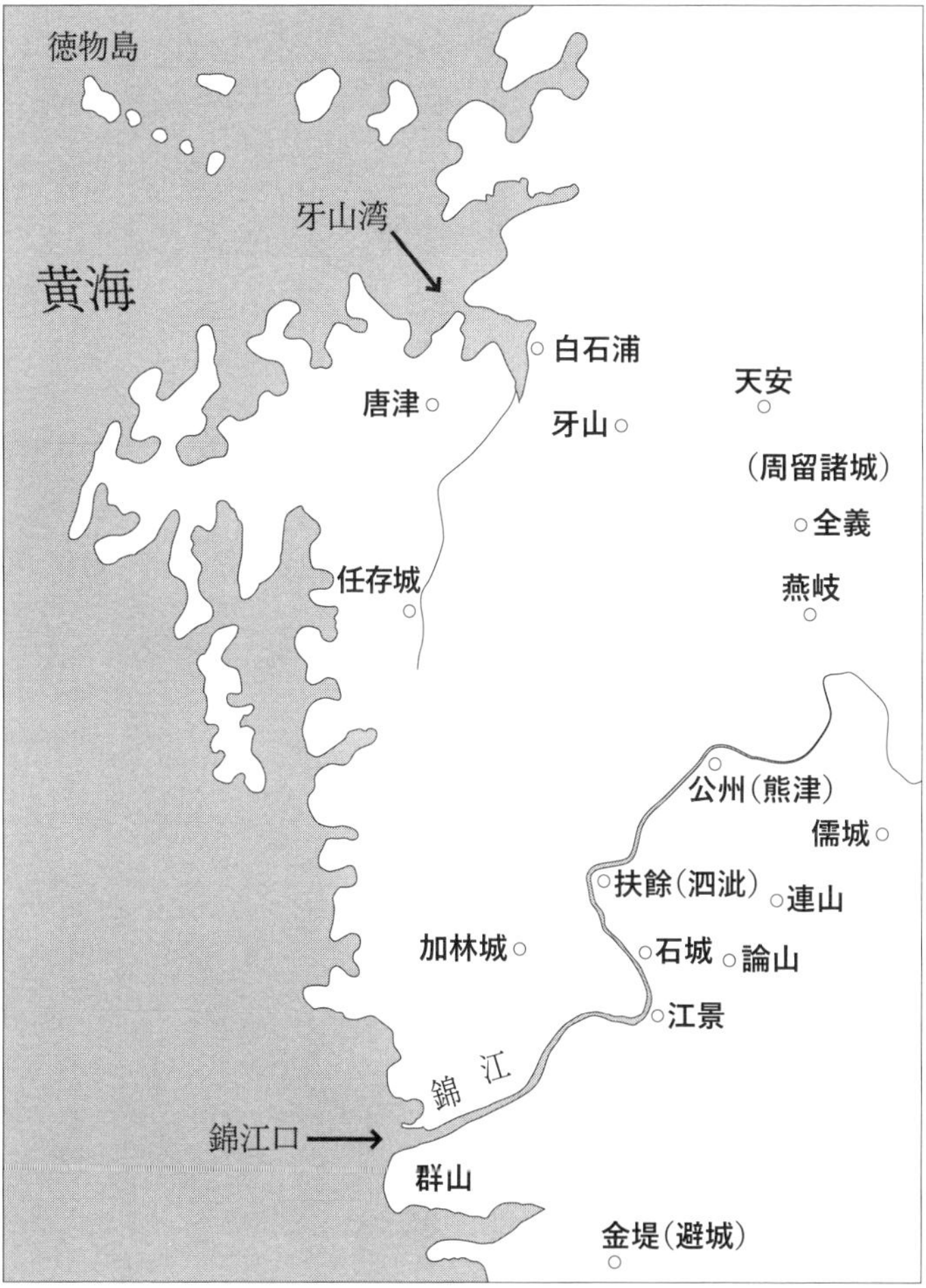

目にするが、本書では採り上げない。土台似た地名などと言っても、当時の正確な読みも分らないし、同じ場所でも百済と新羅では名称が異なった場合もあろう。要は倭国軍が敵前上陸の敢行を目論み、唐水軍がそれを火箭で迎え撃って殲滅し得た、そのような条件を備えた場所が何処かということに尽きるのである。

結論から言えば、そこは牙山《あさん》湾最奥部であろう。現在では長年に亘る干拓事業に加え、国防上の理由による工事もあって、昔日の面影は偲ぶべくもないとのことだが、古地図などから推測される牙山湾は、随分複雑な地形だったようだ。湾の入り口は海のような広さだが、奥に行くと湾の中の入江とでも言えそうな切れ込みがいくつか見られ、ここまで入れば入り口の封鎖も容易に出来そうな感じである。

周留城の位置

牙山湾以外の白村江の比定地としては、錦江中流の江景付近だとする説が昔から有力である。他にも錦江より更に南部だとの主張も一部にあるが、最終目的地の周留城から離れすぎているものは論外である。

とは言うものの、周留城の位置が発掘調査などで確認されている訳ではない。それらしいものと言った段階であるが、断定を困難にしている要因の一つは、周留城が単独の大城ではなく、扶余と牙山湾の間に点在する、複数の小城の総称であったらしいことによる。しかし共に戦った加林城や任存城の位置からの推定は可能で、韓国では現地調査も進んでいると聞く。

百済は建国以来高句麗の脅威を受けてきており、伝統的に北方重視の国防政策であったから、この方面に城が多く存在したことは頷ける。但しこの時点では国際情勢が激変して、百済王朝は既に滅亡し、その復興を目論む百済残党軍にとって、唐と戦い続ける高句麗は、倭国と共に心強い味方となっていた。

高句麗救援の疏留城

『書紀』は天智即位前紀で高句麗救援のための出兵を記しているが、倭国軍の行った所は疏留城と書かれている。疏留《そる》と周留《する》とはよく似ており、同じ城の可能性が高いが、違っていたとしても同一地域の城であろう。そこに倭国軍が入ったことにより、熊津の唐軍の北上を阻止し、併せて新羅の西海岸への通行も不便になったというのだから、周留城の位置はおのずから限定されよう。周留城は熊津よりも北にあり、そこに向かう倭国軍が熊津以南で上陸するとは考えられない。白村江は牙山湾の一部である。

尚、白村江の場所については、小林惠子氏が前出の著作『白村江の戦いと壬申の乱』において、豊富な資料を引用しつつ、詳述しておられる。これから研究される方には、是非参考にされるようお勧めしたい。

中軍壊滅

倭国中軍の船団は、唐水軍の火箭で焼かれ壊滅した。先にも引用した『旧唐書』劉仁軌伝の「煙焰漲天、海水皆赤」は、現場の惨状を語りつくして余りある。

前述のように、片や水戦を予期していない輸送船、片や万全の戦闘態勢にある駆逐艦なのだから、まともに戦っても勝負にならぬことは分る。しかし、せめて全滅だけでも避ける手立ては見出せなかったのか。そのような思いで『書紀』を読み返すと、複数の気になる記述が目につく。

気象を観ずして

二十七日の記述から推察すれば、待ち受けていた唐水軍からの奇襲攻撃を受け、若干の被害は出たものの、双方とも兵を引いたようだ。出合頭に叩かれはしたが、致命的なものではない。只、予定していた上陸地点を唐に占拠されていたので、代替地の検討が急務となった筈である。

問題は二十八日の記述で、百済王の豊璋が倭国軍幹部と協議し、「気象を観ずして」（書紀）上陸強行を決めているが、何故このような事態に急変したのであろうか。

古来水戦に火攻めは付きもので、『三国志演義』の赤壁の戦や、国内では厳島合戦など、何れも火を用いた先制攻撃で勝利している。火攻めを仕掛けるには、必ず風上に陣取っていなければならない。それでこそ「我等先を争はば、彼自づからに退くべし」（書紀）という期待も持てようが、ここで「気象を観ずして」とは何たることか。

思うに当日の風は、陸から海へと吹く逆風だったのであろう。倭国の将達がそのことに気付かなかった筈はない。それでも上陸を強行しなければならない事情とは何か。上陸強行を決めた席に、豊璋の名が何故あるのか。これこそが最大の問題であり、直接の敗因となったものが見えてくる。周留城に居るべき豊璋が、何のために白村江に来て、それも船の中に居たのであろうか。

艫舳めぐらすこと得ず

『書紀』は豊璋の言として「我自ら往きて、白村に待ち饗《あ》へむ」と、倭国の援軍に対する儀礼的饗応に出かけたような表現をしているが、敵前上陸の場で宴会でもあるまい。周留城の兵が白村江に来た本来の目的は、倭国中軍の上陸をサポートするためである。

六六〇年の百済攻めの際、蘇定方率いる唐軍は、徳物島で新羅に用意させた小型船に乗り換え、矢張り牙山湾の一角に上陸した。この時は柳で編んだ蓆《むしろ》を敷き詰めたと「金庾信伝」は記す。船底が座礁するまで岸に近づいても、蓆を敷かねば上陸できないような泥濘状態だったということだ。日本でいえば有明海の潟のようなものであろう。尚、「金庾信伝」に記述されているということは、新羅が陸上からそのサポートをしたということである。

白村江の場合は、サポートすべき立場の豊璋達が、新羅の騎馬隊に蹴散らされて、あろうことか倭国中軍の船団に逃げ込んだのである。この時の記述が前出の「倭船千艘白砂に停泊」であるが、恐らく八月二十七日の夜か、二十八日の早暁であろう。中軍は息をひそめて、次回の満潮を待っていたのである。

そこへ逃げ込んできた豊璋達は、倭国中軍にとって迷惑この上ないお荷物となった。上陸サポートの任務を果たせなかったばかりか、定員いっぱいの輸送船に更なる厄介者が乗り込んだのであるから、「艫舳不得廻旋」（へとももめぐらすことをえず）との『書紀』の記述が、実感としてよく解る。過積載で船足は鈍り、操船不能に近いものも少なからず出たことだろう。

本来の条件であれば、全滅は免れ得たであろうと私は思う。唐船百七十艘に対し、倭船はまだこの時点では四百艘近くいたであろうから、武器や船足の優劣はあったとしても、ある程度は包囲を突破して、外海に逃れる可能性もあっただろう。尤もその後どこに上陸地点を求めるかなど、難題が解決できるか否かは保証の限りではないが……。

豊璋達が上陸サポートに失敗したばかりか、逆に船団に逃げ込むという大失態を演じた時点で、倭国中軍の白村江における悲劇は不可避となった。

豊璋は厄の神？

豊璋の送還は百済の遺臣達の指名によるものではあるが、彼の帰国後の行動を見る限り、とても王朝復興を託せるような器とは思えない。帰国早々周囲の反対を押し切って、周留城から危険な平地の避城《へさし》に移ったが、新羅軍の接近を知って、たちまち周留城へ逃げ帰った。僅か二か月ほどの遷都であり、これでは臣下の信任も失墜せざるをえまい。鬼室福信の殺害も、豊璋に今少しの先見性と度量があれば、回避できたであろう。

そもそも上陸サポートは重要な任務であるが、国王が自ら指揮を執らねばならぬような仕事ではない。それを儀礼的饗応などと口実を設けて、白村江までやって来たのは何のためか。

『書紀』によれば、福信殺害の報を得た新羅が、周留城に向けて出兵するのが八月十三日であり、豊璋はそれを聞いて逃げ出したのであろう。「百済（豊璋）、賊（新羅）の計る所（周留城攻撃）を知りて」と『書紀』は記し、十七日には周留城が包囲されたことも書いているから、この間の慌ただしい脱出である。挙句に十日間前後も白村江周辺をうろつき、新羅の騎馬隊の標的になったのである。

歴史にタラ、レバは禁句ではあるが、もし豊璋が臆病風に吹かれず、周留城で腰を据えて指揮を執っておれば、結果は随分違ったものになったかも知れない。前述の如く、倭国中軍の全滅は免れた可能性もあるし、後述するように周留城は無血開城だから、豊璋一人が唐の捕虜になる程度で片付いたことであろう。しかし一方では白村江での悲惨な全滅があったからこそ周留城が降伏勧告に応じたわけで、原爆投下がなければ本土決戦の愚を避けられたかと言うに等しい話かもしれぬ。

白村江の惨状をこれ以上書き続けるのも気が重いが、秦田来津《はだのたくつ》の最期を記した描写が胸を打つ。嘗て古人大兄皇子の側近として仕えながら、主人を中大兄皇子の魔手から護れず、今また豊璋一人を高句麗に逃がすため、身代わりとなって憤死せざるを得ない彼の姿は、無能な上司を持った部下の悲哀として、現代人にとっても同情や共感の対象となろう。

白村江の戦の終戦処理については第二章以降で詳述するので、本章では割愛する。抵抗を続ける百済軍の拠点は、周留城以外にも加林城や任存城があったが、主力の周留城を落とせば後は自ずから降るとの劉仁軌の意見で、陸軍は周留城を包囲した。唐軍は熊津にいた一万名以下でしかないが、新羅軍は人数の明記はないものの、文武王（金法敏）自ら二十八将を率いてきたと言うから、戦力的には新羅が主力である。

このような力関係を背景にして、新羅はここから自国の国益を優先した行動に移る。これまで唐の命令に全面的に従っていたものが、独自路線を歩み始め、唐との間の同盟関係（以下、唐羅同盟と記す）は事実上崩壊した。倭国は唐と新羅の狭間で、両国の軋轢から生じた大波に揉まれ、新たな難局に直面することになる。

第二章

唐羅同盟の変遷

強大な冊封帝国を目論み、版図拡大を計る唐と、その矛先を躱しつつ独立を守りたい朝鮮三国。しかし唐の武力の前に先ず百済、次いで高句麗が滅亡し、最後は新羅一国が残る。新羅は白村江の時点までは唐の忠実な臣下として、唐の遠征軍に応援の兵や食糧を供給し続けるが、それ以降は一変して敵対の姿勢を見せるようになる。唐に対し謝罪と攻撃を繰り返しながら、遂に平壌以南から唐を追い出し、半島に統一新羅王朝を実現させた。

唐羅同盟とは便宜上の呼称であって、現代の国家間の条約のような明文化されたものが存在した訳ではない。何時から何時まで存続したとも、内容の詳細についても、史料による完全な説明など出来ない。その程度の曖昧なものであるが、これが近隣諸国に与えた影響は実に大きなものであった。

唐と新羅が何時ごろどのように接近し、どのような理由で何時ごろ離反していったのか、この点をしっかりと確認しておくことは不可欠な要件である。

新羅は唐の建国以来の朝貢国であるから、建前上は最初から同盟国とも言えようが、それなら百済や高句麗も同様である。新羅が独自の外交戦略で唐に急接近するのは、百済、高句麗両国の圧力が強まった善徳女王の時代であり、唐が前向きに応えるのはもう少し後であるが、いずれにせよ両国共に自国の利益のために相手を利用しようとするのであって、同盟とは言っても強固な一枚岩と言えるものではない。相手に利用価値がなくなれば、離反するのは当然である。

それが何時どのように推移していくかが重要なのであって、倭国で生じる数々の重大かつ不可解な問題にしても、唐羅両国を始めとする国際関係を無視しては解明し得ないものである。例えば天智称制の必然性や壬申の乱の真相といったものを国内問題として片付けようとすれば、従来の通説が犯してきた過ちの轍を踏むだけである。

そのような観点に立って、唐羅同盟の確認から先ず取り掛かることとした。史料としては『三国史記』に拠る所が多くなる。同書は新旧唐書を始めとする中国の史書を参照しつつ書かれており、独自の資料や伝承に基づく記述もあるが、唐とのやり取りに関しては概ね信頼度が高いと言えよう。

接　近

まず、「新羅本紀」の記述から、両国の接近を確認しておく。

国境侵犯

百済の国境侵犯記事は善徳二年（六三三）、五年とあり、七年には高句麗にも攻められているが、何と言っても目立つのは十一年（六四二）の百済による大攻勢である。この年は百済では義慈王即位の翌年であり、大軍を発して七月に新羅西部の四十城を攻略した。更に翌八月には高句麗と結託して党項城（牙山湾北岸）を落とし、一方では旧伽耶地区の要衝である大耶城をも陥落させている。このとき降伏した大耶城主の品釈夫妻を殺し、首を百済の王都である泗沘城へ送ったことが後で問題となる。それはともかく、百済が義慈王即位を契機に攻勢を強め、新羅の危機感を煽ったことは間違いない。

ここまでの新羅の対応は場当たり的なもので、百済と結託している高句麗に支援を要請して逆に領土の割譲を求められ、果ては使者の金春秋（後の武烈王）を拘束されるなど、およそ戦略的なものではない。百済に対するには高句麗と組み、高句麗に対するには百済を利用するといった旧来の外交手段では打開できない窮地に直面して、冊封の盟主である唐に窮状を訴えるのは、翌善徳十二年である。

元来このような危機を生じさせないための冊封体制であるから、唐は放置できない。部下同士の喧嘩を仲裁できない上司では、存在価値を問われることになる。しかしこのとき、唐の太宗が新羅の使者に示した解決案は次の三通りで、尋常なものではなかった。

唐が示した三案

第一案は、唐が契丹や靺鞨に指示して遼東に出兵させ、高句麗を牽制するというもので、本気で攻めるのではないから、効果があったとしても一時しのぎである。太宗自身が一年だけは平穏に過ごせようと言っているのだから、抜本的な解決策になり得ないことは明らかだ。

第二案は、唐兵の着用する制服と旗指物を相当数貸し与えようというもので、それを見た敵兵は唐が来たと思って退くというのだが、これまた子供だまし以外の何物でもない。要するに第一案同様現実離れした話で、新羅の使者を落胆させた上で、第三案を新羅が受け入れるか否かを迫ったのである。

さて問題の第三案であるが、新羅王が女性であるから近隣諸国に侮られるとして、唐の皇子を新羅王として送り込む提案である。当然相当数の兵力も付いて来る。これが太宗の本当の狙いであることは言うまでもない。なるほど中国にはこの時まで女帝は存在しないが、女王であるから云々は言いがかりに過ぎない。それが決定的要因だと言うのなら、新羅にも男性の王族はいる。要は新羅の窮状につけ込んで、労せずして朝鮮半島の一国を手中にしようというのである。

流石にこの提案は実現しなかった。新羅の使者は太宗に面と向かって反論も出来ず、無能者呼ばわりの非難にも堪えて、返事をすることなく帰国した。

一方太宗も冊封帝国の立場上、翌六四四年には高句麗に使者を送り、新羅との停戦を指示している。もっとも高句麗は、かつて隋に攻められた時のドサクサに紛れて新羅が高句麗領を占領したままだと主張し、唐の命令を拒否した。泉蓋蘇文が実権を掌握して以来、高句麗には中国の臣下という意識はない。これを受けて翌六四五年に唐の高句麗遠征となるが、本章のテーマからは外れるので、新羅の話に戻す。

毗曇の乱

善徳十六年（六四七）一月、毗曇《ひどん》の乱が発生し、善徳女王は一月八日に死んだ。乱で殺されたのか、或いは女王の死で後継者をめぐる争いが生じたのか、それは分らない。乱の首謀者とされる毗曇は一月十七日に誅殺され、連座は三十名に上ったというが、それらはすべて貴族である。貴族連合の勢力を、金庾信《ゆしん》が武力で押さえ込んだクーデターと見るのが正解であろう。

古代国家の転換期

毗曇の乱は、二つの面で新羅の進路を決定付けるものとなった。

一つは貴族の合議制による政治から、唐に習った律令政治への転換である。因みに倭国における乙巳の変は、これより一年半前のことだ。古代国家の転換期を相次いで迎えた訳で、そこに倭国の高向玄理の関与もちらつくのだが、それについては後述する。

そしていま一つの重大なポイントは、唐に学びながらも決して言いなりにはならない独立路線の確立であった。その現れが真徳女王の即位である。

先述の太宗による唐の皇子送り込み提案は、実現こそしなかったものの、新羅国内に大きな波紋を投げかけた。皇子を含めた唐の勢力を積極的に受け入れることにより高句麗や百済に対抗しようという親唐派と、自主独立派の対立である。毗曇等粛清された貴族は親唐派であったと見られよう。勝者が擁立した真徳王がまたしても女王であったことは、独立派の唐に対する意思表示のようにも思えなくもない。

帝国の版図拡大と周辺諸国の緊張

本章ではこれ以上深追いはしないが、新羅におけるこの政変劇はもっと重視されるべきである。後年、倭国で勃発する壬申の乱も、単なる皇位継承争いなどでは決してない。機を見ては版図拡大を狙う冊封帝国が存在する限り、周辺諸国には恭順派と自主独立派の緊張が常に生ずる。歴史は繰り返すのだ。

ともあれ新羅において実権を握ったのは金春秋、金庾信のコンビであり、春秋の外交力と庾信の武力によって、新羅は此処から大きく飛躍することになる。

唐、対百済出兵を約束

まず転機となるのは、真徳二年（六四八）に金春秋が自ら唐に乗り込んで、太宗と面談したことに始まる。新羅はこの年も含め毎年正月に朝貢使を派遣しており、それとは別に唐に向かった春秋の目的は単なる表敬訪問ではない。唐の全面的支援を確約させることが狙いであることは言うまでもないが、見返りにどれだけのものを唐に与えるか、その交渉こそが余人をもっては代え難い、春秋の腕の見せ所なのである。

さきの太宗の提案に見る如く、唐は必ずしも新羅に全面的な肩入れをしてはいない。しかし唐が高句麗出兵に踏み切り、決着を見ていないこの時点こそが、唐の懐に潜り込む絶好のチャンスと春秋は判断したのである。

平壌以南を新羅に？

春秋の判断は正しかった。結果は大成功で、さしたる代償もなく百済出兵の約束を太宗から取り付けたのである。それのみか、唐が高句麗と百済を平定した暁には平壌以南の百済の地を新羅に与えようとの口約束まで貰ったというが、それは後に文武王の書簡に書かれているだけで真偽のほどは分らない。春秋が如何に太宗に気に入られようと、其処までは無理と見るのが常識ではあろう。唐は百済の朝貢も受けているのだから、命令に背く王を処罰することはあっても、国を滅ぼしてしまっては冊封の原則が成立しない。事実六六〇年の百済侵攻後は唐人の熊津都督に当地を委ね、新羅には唐が命じた手伝い戦や食糧補給以外、勝手に百済領へ立ち入ることすら公式には認めてはいない。

しかし新羅の言い分が全くの出鱈目とも断定は出来ない。新羅が唐に対してはっきりと冷めた態度を見せるのは白村江の時点からであり、武烈王（金春秋）在位中は少なくとも表向きは協力的で、唐の命令を軽んずることはなかった。

詳細は後述するが、新羅の態度が大きく変わるのは、唐が百済王家の復活を前提に、百済の元太子である扶余隆を、孫仁師の増援軍と共に帰国させたことによると私は思う。それまで百済領を貰えると新羅に期待をさせていたような、何等かの口約束が存在した可能性も考えられよう。領土に関する大国の不用意な発言が後の火種となることは、パレスチナ問題等にも見られる如く、古今の歴史が証明する処である。

唐の狙いは高句麗挟撃

太宗が百済出兵を約束したのは、高句麗を攻め倦んでいたからであろう。遼東経由のルートは距離が長く、少しもたつくとすぐ冬になってしまう。そうなると兵站線の確保も困難で、隋の時代から何回も失敗を繰り返してきた。百済を前線基地として新羅と共に高句麗南辺から北上し、遼東ルートとの挟撃を考えるのは当然である。

その辺りのタイミングを見計らって交渉に臨んだ春秋の外交手腕も見事で、新羅の払った代償といえば、自ら申し出た新羅の正装としての唐服着用と、同行していた春秋の息子を太宗の宿衛に差し出すこと、更に太宗が拘りを見せていた新羅の独自年号を廃し、唐の年号を採用するといった程度であって、たいして元手のかかるものでもない。宿衛は一種の人質であるが、別の見方をすれば合法的な高級スパイでもあって、またとない情報源である。この後新羅は王子や高級幹部の子弟を宿衛として唐に送り続けるが、それなりの効果があったからであろう。

ともあれ唐羅同盟と呼ぶべき両国の協力関係は此処に成立を見たと私は思う。

金春秋と倭国

金春秋の外交について若干付言しておく。

彼が唐へ向かうに先立ち、倭国に来たことは『書紀』も記している。大化三年（六四七）

の記述で、その外交センスの良さを賞賛している。

『書紀』は人質として来日したと記しているが、人質が翌年には大手を振って唐に乗り込める訳がない。彼の来日の目的は、言うまでもなく倭国を味方につけることである。

大化の改新と高向玄理

倭国は伝統的に百済寄りの姿勢が目立つが、この時点では少し事情が違っていた。二年前の乙巳の変で蘇我政権が倒れ、一般に大化の改新と言われるように、新しい政策集団がスタートした。その中心に居たのが高向玄理である。

彼は孝徳政権発足直後に新羅に行き、欽明朝以来の懸案である任那問題の決着に取り組んだ。大化二年、即ち毗曇の乱の直前である。さきにこの政変に玄理の影がちらつくと書いたが、何とも微妙なタイミングではないか。

中国で長年学んで帰国した高向玄理の目指す国家像は、隋・唐に習った律令国家である。これは金春秋にも言えることで、同様の志向を持つ両者は国際情勢や外交戦略について存分に意見を交わしたことであろう。その玄理を送って春秋は来日したのである。

三国同盟構想

少々飛躍した推論になるが、二人の間には唐を巻き込んだ三国同盟のような構想もあったと私は考える。『新唐書』の記す六五三年の倭国の遣唐使に対する高宗の新羅救援命令などは、この伏線上のものとして見れば理解しやすいのではあるまいか。

玄理の構想は、中大兄皇子を始めとする守旧派、即ち親百済派の巻き返しで挫折した。玄理自身が遣唐使とは名ばかりの、事実上の亡命を余儀なくされ、大化の改新など本当にあったのかと今日では疑う人も居る。

本書のテーマではないからこれ以上の言及は避けるが、大化の改新を『書紀』の造作と主張する論者の間違いは、中大兄皇子や藤原鎌足を主人公として考えている点にある。改新の推進者は玄理と僧旻《みん》であって、彼らに焦点を当てて考えれば天智紀との整合性などは問題外である。

遅れた唐の百済出兵

話を唐羅関係に戻す。

太宗は百済出兵を約束したが、翌六四九年に崩御したため、それが実行されるのは六六〇年である。その間新羅と百済、高句麗との紛争は断続的に繰り返されているが、それらを列挙すること自体にはあまり意味がないので、本章では省略する。総じて攻勢をかけるのは百済、高句麗側であり、新羅がその都度唐に救援を求め、その結果百済が兵を帰したといった記事が「百済本紀」に何度も見られる。

その間の唐羅同盟に関する新羅側での注目事項といえば、六五〇年の唐の永徽改元を機に、法興王以来続けてきた新羅の独自年号を廃して唐の年号を用いたことや、六五〇年の金法敏（文武王）、六五一年の金仁問と金春秋の息子二人を相次いで唐に派遣し、仁問は高宗の宿衛として唐に留めたことであり、いずれも唐との絆を固めようとするものである。また六五四年には真徳王が死んで金春秋が即位し、武烈王となったが、それ以前から実権は春秋と庾信の手にあったから、唐は直ちに春秋を新羅王に冊命した。少なくとも表面上を見る限り、基本政策の変更と見られるものは両国共にない。

国内問題で半島は後回しに

唐の百済出兵が十二年もずれこんだ最大の要因は、唐の国内事情である。武照（則天武后）立后は六五五年であるが、宮廷内の権力闘争は高宗の即位直後から、六六四年に宰相上官儀の処刑で武照派が完全勝利を収めるまで延々と続く。

則天武后の登場は、それ以前の皇后王氏の失脚や、劉氏を母とする皇太子李忠の廃嫡など宮廷内の大事件と共に、太宗以来の功臣達の一掃に繋がった。失脚した長孫無忌や褚遂良に代わって政治を担ったのは、則天武后によって登用された北門の学士と呼ばれる少壮気鋭の文人達である。元勲から官僚への権力の移動に伴い、太宗の遺勅の重みも変化したことだろう。

山積する国内問題で朝鮮半島は後回しになり、夷を以て夷を制す手法で時間稼ぎをすることになる。先述した六五三年の倭国遣唐使への新羅救援命令などはその一例であり、新羅にとっては唐の政策変化に注意を怠れない辛い時期であった。

主眼は高句麗対策

唐がそれでも最終的に百済出兵に向かうのは、対高句麗戦略上の必要性からである。南北から高句麗を挟撃するためには、百済に兵を置いておかねばならない。高宗時代になってからも高句麗には六五五年に出兵しているが、これは高句麗が前年に新羅を攻めたことに対する牽制といった程度のもので、遼河を越えたところですぐに引き返している。本格的な高句麗攻めには、矢張り百済進駐が前提となる。

高句麗では唐の冊命した栄留王を弑逆した泉蓋蘇文が、傀儡の宝蔵王を擁して唐に楯突く姿勢であり、これは放置できない。百済出兵はするが、高句麗が片付けば従来の冊封体制に戻すというのであれば、新羅とは当初から同床異夢であったと言えよう。

唐の百済侵攻と新羅軍

六六〇年の蘇定方による百済侵攻と、それに従った新羅軍の動向については、既に多くの研究がある。前章で参考文献にした小林恵子氏や牛島康允氏の著書にも詳しく述べられており、概略については此処で改めて書くほどのこともない。本章のテーマである唐羅間の関係を示すものについてのみ検討しよう。

軍期の遅れ

まず有名な軍期の遅れによるトラブルであるが、これを以て唐羅同盟亀裂の始まりとする見方もあるので、多少踏み込んで考えてみたい。

「新羅本紀」によれば、蘇定方は新羅軍が七月十日の泗沘城（扶余）での合流期限に遅れたことを責めて、新羅督軍の金文潁を斬ろうとした。これを聞いた金庾信は激怒して、それなら百済よりも先に唐と戦うべしと反抗する姿勢を示したため、蘇定方が処刑を断念したと言う。

新羅軍遅延の理由は、進路を阻む百済軍との黄山の戦であるが、小林氏はその日付を七月九日だとする「新羅本紀」と、十日と記す『書紀』や「百済本紀」との違いから「新羅本紀」に作為ありと見て、新羅軍の意図的な戦闘回避即ちサボタージュと解釈された。また牛島氏も五万の新羅軍に対し、黄山で戦った百済軍は五千に過ぎないのだから、守ろうと思えば守れる軍期だと述べておられる。史料の日付は慎重な検証を要するが、考えられることではある。

きつい仕事は相棒に任せたいというのはお互い様で、蘇定方が怒ったのも新羅軍を前面に立てる心算が当て外れになったからであろう。蘇定方は新羅軍が唐の指揮下にあることを強調し、金庾信はすべて唐の意のままになる訳ではないということを態度で示したものである。この程度の主導権争いや自己主張は常にあることで、これを以て唐羅同盟の亀裂とはまだ言えない。

しかし軍期のトラブルとは別に、この時点で同盟崩壊の前兆と見られるような問題がなかったわけではない。唐には百済のみならず、新羅にも軍を進駐させる計画があったとの見方があるが、明確な計画性はともかく、場合によっては起こり得たかもしれないと私も思う。

新羅領通過問題

前章でも述べたが、この時点では百済の北辺は新羅領である。唐の目的は南面からの高句麗攻めであるから、百済に進駐した唐軍は新羅領を通過しなければならない。これは当然のことであって新羅も今更気にすることではあるまい。問題は半島東部、本来の新羅領である。高句麗を効率よく攻めるには、西部と東部の連携は不可欠で、東部の作戦を新羅に一任するのではなく、唐が自ら主導して遂行しようと考えていた可能性は少なからずある。

結果から言えば、唐は新羅領に侵攻することなく帰国した。しかし唐の野心を疑わせる記述は史料に散見される。但し新羅側の記述には、後の唐との戦いを経た後に加筆されたものもあると見るべきで、先に手を出したのがどちらかといった類いの話は多少割り引いて考える必要もあろう。それを念頭に置きつつ、関係すると思われる記述を確認しておこう。

飼い主が足を踏めば

「金庾信伝」によれば、百済の戦後処理について金庾信、金仁問、金良図の三人に百済領を食邑として与えようとの提案が蘇定方からあり、庾信が断ったという。有力者の一本釣りであり、新羅王の頭越しの褒賞であるから、新羅国内に楔を打ち込もうとしたと解してよかろう。

また同伝は、帰国した蘇定方から報告を聞いた高宗が、何故ついでに新羅も平定しなかったのかと下問したとも記している。新羅が固く団結していて容易な相手ではないと定方が答えたという辺りは少々出来すぎた話ではあるが、実際にこれに近いような話があり、それを知った新羅が唐に対する不信感を募らせたことは考えられる。高宗の身近に宿衛を送り込んだ効果であろう。

新羅の唐に対する不信感を示すものとしては、百済人を装った反乱の提案が多美公からあり、庾信はそれを支持したが武烈王の反対で日の目を見なかったとの記述がある。「犬は飼い主を恐れてはいるが、飼い主が足を踏めば咬みつくものだ。難にあたって、どうして自衛の策をとらないでいられるか」という庾信の言葉はこのときのものである。

これらの記述をもって両国の離反が既に始まったと断定するのは、いささか早計ではあろう。期待していたほどの相手ではないと覚ったものの、お互いの利用価値がなくなったわけではない。新羅は百済領を貰う望みを、まだ諦めてはいなかった。この後の熊津の唐軍に対する協力振りがそれを証明している。

同盟の崩壊、即ち新羅が明確に反唐姿勢に転ずるのは、唐が百済王朝再興の方針を示したことによると私は思う。

百済抵抗軍の攻勢

蘇定方は一万の唐兵を劉仁願に託して、九月三日に泗沘から帰国した。各地に残る抵抗勢力の火種はそのままである。

旧百済領には熊津、馬韓、東名、金漣、徳安の五都督府が置かれたが、熊津以外は在地の有力者を登用しており、事実上の百済統治者である熊津都督には、唐から王文度が送り込まれることになった。新羅は金仁泰が七千の兵を率いて駐屯することになったが、これは劉仁願の指揮下に組み込まれたものであり、少なくとも建前上は新羅に何の権益も与えられていない。

新羅、百済領内に布石

百済抵抗勢力は早くも九月二十三日には泗沘城に攻め込んだ。かろうじて撃退はしたものの、熊津の唐軍は新羅の援護がなければ立ち行かないという実態を最初から露呈してしまったのである。百済の残党討伐という口実を得た新羅は、本来勝手には行動できない百済領を転戦し、十一月二十二日に帰国した。

この間九月二十八日には着任した王文度が、武烈王への詔書伝達の現場で急死している。「新羅本紀」は急病としているが、これで一時的にもせよ百済の統治者がいなくなったわけで、百済の実効支配を狙っていた新羅にとっては都合のいい話である。病死か毒殺かなど疑えばきりがない。

ここから白村江の戦に至るまで、百済抵抗軍の活動は各地で展開され、新羅はその対応に追われることになる。新しく熊津都督として赴任した劉仁軌も、当初は新羅に頼らざるを得ない場合もあって、新羅は戦闘の犠牲を払いつつも、百済領内にある程度の布石を打つことになった。唐の立場で見れば、火種を残したまま帰国を急いだ蘇定方の罪は大きい。

文武王即位

六六一年六月には親唐派の武烈王が死んだ。太子法敏が即位して文武王となったが、彼は父親とは違って反唐独立志向が強く、統一新羅の実現に向けて実に強かな手腕を発揮する。新羅の転換点としては見逃せない。

時あたかも唐は高句麗遠征の最中である。前年十一月に始めた高句麗攻めであるが、この時点ではさしたる成果を得ていない。高宗は宿衛の金仁問たちを帰国させ、武烈王の喪を無視して高句麗出兵を命じた。新羅は出兵はしたが、百済情勢の不穏を理由に方向転換し、高句麗には向かわなかった。百済では鬼室福信が攻勢に出ており、熊津からの救援要請もまんざら嘘ではないが、犠牲の大きい高句麗遠征を避けるのに絶好の口実として利用したのであろう。

冬を迎えた十月末、高宗は勅使を派遣して武烈王の死に弔意を伝え、併せて平壌周辺に展開する唐軍への食糧輸送を命じている。新羅は熊津への補給を優先し、平壌へは年を越した六六二年一月になって輸送を開始した。

血と肉は新羅が養う

実は正月を迎えたこの時期になって、唐は文武王を開府儀同三司、上柱国、楽浪郡王、新羅王に冊命した。肩書きは武烈王と同じだが、武烈王の死から半年も経っており、武烈王が真徳王の死後二か月で冊命されたことを思えば異常に遅れている。

冊命は新羅の王都に滞在していた唐の使臣が行ったというから、おそらく十月に来た勅使であろう。冊命と食糧補給をめぐる虚々実々の駆け引きがあったことは間違いあるまい。流石に唐軍を冬の高句麗で野たれ死にさせることまではしなかったのは、新羅にとっても強敵高句麗を何とかしておかねばならず、それには唐の力が必要だからである。

このあたりの事情は六七一年に薛《せつ》仁貴に宛てた文武王の書簡が記しているが、新羅が唐軍の援助に如何に多大な犠牲を払ったかを強調し、熊津の唐軍は皮や骨は中国製だが、血と肉は新羅製だとまで言明している点が注目される。唐と新羅が正面から対決していた時期の書簡であるから、多少の誇張はあるだろう。とはいえ食料も衣服も丸抱えで世話になり、恩も義理も生じていた劉仁願達であったからこそ、白村江の結果を受けた周留城の無血開城を、新羅主導で行い得たと言えよう。

劉仁軌、熊津撤退を拒否

平壌で半ば立ち往生していた唐軍は、食料の補給を受けると早々に撤退したが、この時点で唐は唯一政策転換の可能性を見せる。高宗は熊津都督の劉仁軌に平壌からの撤退を告げ、熊津の維持も困難なら放棄して帰国してもよいとまで言った。しかし仁軌は、熊津からの撤退が高句麗攻略の放棄に繋がるとして、撤退はしなかった。仁軌の能吏ぶりはこの後も各所に見られるが、彼の大局観は確かなものである。

同年二月、新羅は耽羅（済州島）を属国とした。外交交渉によるものではあるが、それ以前の耽羅は百済に臣従していたのだから、百済領を勝手に切り取ったと解釈できないこともない。

八月にはまたしても百済の残党掃討を理由に出兵するが、病気と偽り出陣を拒んだとして、真欽と真珠が誅殺されている。二人とも有力貴族であり、百済への勝手な立ち入りを認めない唐の意向に従ったためと思われる。武烈王の死により、新羅の政策が自主独立路線で固まったと見られよう。

新羅の大攻勢で唐羅同盟崩壊へ

そして問題の六六三年、二月に新羅は再度百済に出兵したが、これは従来の熊津唐軍の要請によるものとは異なり、出兵の範囲も百済南辺を含む大規模なもので、もはや唐に対する遠慮は感じられない。前年の劉仁軌の熊津撤退拒否を受けて唐の百済王朝再興計画が確定し、それが新羅の知るところとなったと解釈したい。この時点で新羅の姿勢が大きく転換し、同盟の崩壊が始まったと私は思う。

二月攻勢のリアクション

この新羅の二月攻勢は、二つのリアクションをもたらした。

一つは唐の反応で、四月になって新羅を鶏林大都督府とし、文武王を鶏林州大都督に任命した。新羅を独立国としては扱わず、百済同様唐の直轄統治下においたとの宣言に等しい。勿論新羅を直ちに実効支配できるわけではないが、勝手なことはさせないと箍《たが》をはめたつもりであろう。

いま一つは百済抵抗勢力が危機感を強め、倭国に更なる支援を求めた結果、『書紀』が三月に記す二万七千の増援軍派遣計画に繋がった。白村江の呼び水となったわけである。

周留城無血開城

白村江については前章で詳述したが、新羅軍は孫仁師や劉仁願と共に周留城に向かい、八月十七日に着陣した。着陣したが戦闘らしい戦闘は行われていない。

「金庾信伝」は出撃してきた倭軍と百済軍を大いに破ったので全て降伏したと記すが、これは新羅の働きを強調するための嘘である。周留城の降伏は九月七日であり、白村江の敗戦を確認した倭国籠城軍が、援軍の期待が持てないことを悟った上での投降である。情報提供や説得工作などで新羅がそのように仕向けたことは言うまでもない。

これは周留城において新羅が主導権を握っていたから出来たことであり、前章で述べた孫仁師の援軍が七千名の水兵のみであったことの証明でもある。周留城を囲んだ唐兵が少数で、何をするにも新羅頼みであったればこそ、新羅主導の無血開城に持ち込めたのである。

新羅は戦力の浪費を避けつつ、倭国に恩を売る策に出た。今更唐のために血を流すなど真っ平である。それを明確に態度で示したのが白村江の時点であると先述したが、正確には周留城の戦場においてである。理由も先述したように、唐が百済の元太子の扶余隆を帰国させ、百済王族の統治による再興方針を示したことによる。

この人事がまた問題で、隆は先述の大耶城主品釈夫妻殺害に関与を疑われていた人物であった。品釈夫人は文武王の実の妹であったから、泗沘落城の際に降伏した隆の顔面に文武王（当時は太子法敏）自ら唾を吐き、罵倒した相手である。唐にすれば扱いやすい傀儡向きの人物であろうが、新羅から見れば許しがたい人事であった。これまで表向きにもせよ唐の命令に従い、手伝い戦に血を流し、自国の民を飢えさせてまで食糧補給をしたのは何のためだったのか。新羅の無念の思いは想像に難くない。

新羅、対倭国工作に着手

周留城無血開城の際の文武王の言葉が「金庾信伝」に記されている。

汝らの王に告げよ

降伏した倭国兵に対し、百済と結託して新羅に敵対したことを非難した上で、「汝らの命運はわが手中にあるが、殺すのは忍びないから帰してやる。帰国して汝らの王にこのことを告げよ」というもので、捕虜の斬首や奴隷化が当然の時代にあって、異例の寛大な処置である。このメッセージが面前の降兵達の頭越しに、遠く倭国王に送られたものであることは言うまでもない。

重要なことは新羅王独自の判断による措置である点で、この部分には唐将の名も見えず、唐の史料に関連の記述もない。言うなれば新羅の独立宣言であり、百済支配をめぐる唐との武力衝突を不可避と覚悟して、倭国を味方につけるための工作に着手したものである。

有力百済人を半島から追放

倭国兵達は早くも九月十一日に弖礼《てれ》に向かい、同月二十五日には引揚げ船が倭国に向けて弖礼を出港した。なんとも迅速なものである。新羅は唐に口を挟む隙を与えず、あっという間に倭国兵を帰還させたが、その中に多数の百済人が紛れ込んでいたことは間違いない。

通説では亡命百済人が大勢近江朝廷に仕えたと言っているが、早期の亡命百済人達は新羅によって倭国へ送られたと私は思っている。唐が百済を再興するに当たって、戦力になりそうな有力者達をいち早く半島から追放してしまったのだ。

早期の、と断ったのは、唐も後に似たようなことをするからである。天智紀の末尾近くに記される郭務悰の二度の来日の際同行した各二千名の大半は、新羅の力が強まる中で、半島で暮らすことが難しくなった親唐の百済人や高句麗人であろう。

唐による百済再興は傀儡支配

唐による百済再興とは、六六〇年以前の状態に戻すことではない。抵抗勢力を抑えるために元太子の隆を百済王として帰国させるが、彼は唐の傀儡に過ぎず、軍事面でも行政面でも唐の意を受けて動く百済国である。

『旧唐書』によれば、六六〇年の時点で百済には三十七郡、二百城、七十六万戸が存在したと言うから、それだけの唐の直轄支配地域の構築を目論んだと言い換えてもよいだろう。百済再興についての唐の考え方と手法は極めて重要な問題であり、心に留めておいていただきたい。百済と共に戦った倭国に対しても、当然同様の措置を考えたに違いないからである。唐が冊命した倭国王については、天智称制の必然性と共に第三章で述べる。

唐が急いだ三国会盟

唐羅同盟は破綻した。ここからは同盟ではなく、対立の経過を見ていくことになる。それも重要な研究課題ではあるが、続けて書くには長くなりすぎる。ここでは最後の要点である三国会盟についてのみ述べ、他は割愛する。

新羅、唐の和平協定を拒否

唐の考えた戦後処理は、まず百済の抵抗勢力を一掃して国内を安定させた上で、熊津都督百済王に任じた隆と、鶏林都督新羅王の文武王とを唐の立会いの下で会盟させ、和平協定を結ばせるというものである。

和平協定の意味するものは国境線の確定と不可侵の約束であるから、百済領からの全面撤退に繋がるこの会盟に、当然新羅はそっぽを向いた。周留城や加林城が降伏した後も、唯一抵抗を続けている任存城を放置したまま、新羅軍は帰国してしまう。会盟の前提である百済国内の安定が達成されていない以上、和平協定も成立しないという理屈である。

任存城については「金庾信伝」が、地勢が険しく城は堅固で兵糧も多く持っていたので、三十日も攻めたがおとせなかったと書いているが、本気で攻めていたとは思えない。会盟拒否の理由となる任存城には、徹底抗戦で頑張ってもらう必要があり、豊富な兵糧もおそらくは新羅の提供によるものであろう。少数の唐兵ではどうにもならないことを見越しているが、唐の命令を無視して勝手に帰国するとは、見事な豹変振りである。

劉仁軌の上表文

唐でこの難局を打開したのは劉仁軌であった。百済の降将である黒歯常之達を使い、調略をもって任存城を開城させた。これをもって百済情勢は一段落と見なし、孫仁師と劉仁願は報告のためと称して帰国した。

残った仁軌は復興作業を手がけつつ、朝廷に上表文を送る。仁軌は百済問題が片付いたなどとは露ほども思っていない。長期の対陣に倦み疲れた仁願達が、いい加減な報告で百済からの撤退を進言する可能性を読んで、高宗に直言したのである。上表には「陛下、高麗を滅せんと欲せば百済の地を棄つるべからず。（中略）もし兵馬なくば還りて一国となる」とあり、屯田兵を置く提案までしている。

上表の効果はてきめんで、仁願は交代の兵を与えられ、すぐに百済へ帰ってきた。しかも先述の百済、新羅の会盟を早期に成立させる特命を帯びた勅使としての帰任である。文武王が会盟に応じない場合に備えて、弟の金仁問を帯同しており、場合によっては新羅王の首のすげ替えもちらつかせている。

仁問は訪唐七回、宿衛期間二十二年と記され、高宗の信任も厚い。後日の話ではあるが、言うことを聞かぬ文武王に業を煮やした高宗が、文武王の官爵を剥奪して、仁問を新羅王に冊命したこともある。しかし仁問は兄と対立して祖国を混乱させるようなことは慎重に避け、唐と新羅の緩衝材役に徹して、長安で死んだ。

暫定会盟

勅命を受けた劉仁願としては、百済と新羅の会盟を急がねばならず、とにもかくにも六六四年二月に実現させた。顔ぶれは唐が仁願、百済が隆、新羅は仁問と天存である。実力者の文武王や劉仁軌の顔がないこの会盟に実効性があったとは思われず、結局は翌年八月に熊津の就利山においてやり直している。この時は文武王も劉仁軌も出席しており、形式的には唐の冊封の盟主としての面子は保たれた。

泰山封禅と倭国の冊封組み入れ

唐が会盟の成立を急いだ理由は二つある。

その一つは六六六年正月に迫った泰山封禅であり、皇帝が諸侯、百官を率いて行う神聖な儀式に、百済も新羅も外臣として参列するのであるから、其処にもめ事を持ち込まれたりすると大変である。たとい表面上にせよ、唐皇帝の徳を讃えて、万民が祝賀するものでなければならない。外臣同士の領土紛争など、断じてあってはならないのである。

いま一つの理由は倭国対策である。

倭国は唐に宣戦布告して、正面から戦った訳ではない。盟友百済が唐の冊封下にありながら、盟主である唐によって滅ぼされ、その復興を助けようとしたら、今度は自分が唐から出合い頭に叩かれた、と主張するだろう。倭国を納得させるには唐自らの手で百済王朝を復活させ、新羅との国境も元通りにして、少なくとも朝鮮半島南部にはトラブルの要因はなくなった、だから倭国も安心して唐の冊封下に入れ、と言える環境作りが会盟の成立であり、劉仁願が拙速の誇りを顧みず事を急いだ理由である。

先述の如く六六四年二月の会盟は、暫定会盟とすら言えるような実効性を疑うものであったが、ともかくその結果を踏まえて、仁願は麾下の郭務悰を倭国に派遣した。六六四年五月である。ここから倭国との戦後交渉が始まり、翌六六五年九月には倭国王の冊命、更に泰山封禅への参列と進み、倭国は唐の冊封下に組み込まれていくことになる。

これら唐と倭国の折衝については、第三章で詳述する。

孤立を回避した新羅

新羅は、倭国が唐の圧力に屈し、冊封を受け入れること必至と見た時点で、孤立を避けるべく唐に歩み寄る姿勢を見せた。六六五年八月の会盟がそれである。しかし倭国の親新羅派に働きかけ続け、遂に六七二年、壬申の乱で親百済勢力の近江朝廷打倒に持ち込んだ。

半島では六六八年の高句麗滅亡と小高句麗国の成立などを経て、遂に唐は安東都護府を平壌から遼東へ撤退させ、名実ともに統一新羅の時代となる。

第三章 天智称制の真相

白村江の敗戦の結果、唐の強要による冊封を受諾せざるを得なかった倭国には、当然の結果として唐朝廷の冊命を受けた倭国王が任命された。しかし冊封の痕跡を残さぬよう編纂された「書紀」は、必然的にその存在を記しておらず、六年半に及ぶ不可解な天皇不在期間が生じることとなる。

百済救援戦争が無残な結果に終わった後に生じた天皇不在の状態を、一般には天智称制期間という。これを称制と呼ぶのが正しいのか否か、まず本来の意味を確認しておこう。

『大漢和辞典』によれば称制とは「太后などが天子に代わって政令を行うこと」とある。ところが『広辞苑』は「日本では先帝崩御後、新帝が即位式を挙げずに政務を執ること」とも書いている。『広辞苑』の解釈は、天智即位前紀の「皇太子素服称制」の記述により、これを称制の実例として考えたものであろう。しかし『書紀』が何らかの意図を持って表現した記述だとすれば、それを鵜呑みには出来ない。

称制とは天子が幼少であるとか、病弱などといった事情により、他の人物が政務を代行することであって、即位予定の本人が天子不在のままで行うものではない。勿論通常の皇位継承の場合でも、服喪期間等若干の天子不在は生じるが、それらに対しては『書紀』も称制とは書いていない。

『広辞苑』の説明は天智以降には通用しても、前例となった天智称制そのものの説明にはなっていない。何故この時期に称制と言われる不可解な事態が生じたのか、それを考えてみよう。

六年半の天皇不在期間

歴史の専門書はもとより、この時代を対象とした書籍なら教科書であれ小説であれ、天智称制に触れていないものは皆無と言ってもいいだろう。であるにも拘らず、完全な解明には未だ程遠いと私は思っている。

思考停止を引きずる歴史学者の罪

これは一重に歴史学者の怠慢に因ると言っても過言ではあるまい。今もって「天皇になるよりも、皇太子のままでいた方が政務執行に便利だから」というさっぱり訳の分からない説明が、教育界等に根強くあるからだ。この問題に限ったことではないが、先輩学者の学説に異を唱え難い陳腐な世界に慣れ親しんで、自分の頭で考えることを忘れてしまった歴史学者に、歴代天皇が挙って即位した理由を訊いてみたい。とりわけ天智自身が六年半後に即位したのは如何なる理由に因るものか、と。

歴史学界がこのような空論でお茶を濁しているのは、天皇家の秘事に係わることを回避するためであったと私は推察している。明治憲法ではないが、神聖にして冒すべからざる天皇家の問題には触れずにおきたいという、当時の学者の気持ちは分る。とは言え戦後七十年を経た今日にして、尚当時のタブーがそのまま残っているとは思えず、矢張り怠慢としか言えない。

本論に戻る。

疑問の解明を

斉明天皇の死後六年半に及ぶ天皇不在期間は、何故生じたのか。天智は皇太子でありながら、何故即位しなかったのか。それが本来の意味での称制であれば、天智は一体誰の政務を代行していたのか。これらの疑問解明が本章の目的であることは言うまでもない。

尚本書では、便宜上天智称制という通称をそのまま使用し、また即位の前後を問わず、天智、天武といった漢風諡号を用い、中大兄皇子、大海人皇子などと書き分けることはしない。更に言えば、この時代に天皇という呼称が定着していたかなど、問題は色々あるが、ここでは天皇、皇后、皇太子など、一般的に耳に馴染んだ呼称を使用する。

天皇空位か、実在か

先ずこれまでに発表されている先行研究から、それなりに評価されていると思えるものを紹介し、その是非を検証してみよう。

天皇空位仮説

称制の理由を国内問題としたものの中でよく言われるのは、天智と天武の確執説である。天智は自分が即位することで天武が自動的に皇太子になることを厭い、敢えて即位しなかったのだと言う。この仮説には壬申の乱など後の展開による推考が多分に影響している。そうではないと言うなら、斉明朝以前の両者の関係解明が前提として説明されていなければならない筈で、その点に触れないままに両者の確執を持ち出すのは如何なものか。

天智と天武がライバル関係にあったことは事実であろう。しかし両者の関係は、血統だけでも『書紀』が記述する同父母による兄弟説ばかりではなく、天武を兄だとする異父兄弟説、全くの非兄弟説など諸説があり、その解明は容易ではない。ただ言えることは、両者の対立は斉明天皇の死で始まったのではなく、もっと以前、即ち孝徳天皇崩御の時点で既に深刻であり、破局回避のために、一度皇位を降りた老女帝が重祚せざるを得ない事情が生じていたと考えるべきである。

更に言うなら『書紀』を見る限り、天智の皇太子は孝徳朝、皇極朝のみならず、舒明紀にまで東宮として記される。これだけ長期間皇太子であり続けるというのは明らかに不自然であり、後の天智即位の正当性を強調するための伏線と私は考える。そうなると斉明朝の皇太子が誰であったのかも疑問だが、何れにせよ本書の〈はじめに〉で述べたように、唐に対する説明資料としての性格を持つ『書紀』だから、日本国皇統の万世一系に矛盾するような証言を期待するのは無理というものだ。

両者の血統問題は重要な研究課題ではあるが、『書紀』の信頼性には疑問があり、かと言ってそれに勝る史料もないのだから、文献史学から逸脱した推論の世界に移行してしまう。史料が乏しい古代史研究では推論も不可欠ではあるが、ここで安易に踏み込むことは避けたい。本論である称制問題に焦点を絞り、血統については別途機会を得て、私なりの考察を試みたいと思う。

閑話休題。

天智が歴代の皇太子であったか否かはともかく、彼は自分のライバルと目される存在を一度ならず潰してきた。天武が目障りな存在であれば、古人大兄皇子や有間皇子に対して執った手法を、当然天武にも用いたであろう。それをしなかった、或いは出来なかった事情も、天智称制が両者の対立に起因すると主張するなら、説明が必要であろう。

天皇実在仮説

天皇空位を前提とした仮説とは別に、天皇が実在していたから、天智は即位できなかったとする見方がある。これなら称制の意味とも矛盾せず、論理的な抵抗はなくなるが、問題はその天皇が誰なのか、また『書紀』が何故その事実を隠蔽したのか、という点の説明が必要になる。

天智称制期間に在位した天皇として、よく候補に挙がるのが間人《はしひと》大后であり、他に少数ではあるが斉明天皇存命説がある。

間人大后の即位について、それを明確に示す資料は今の処ない。野中寺の弥勒像台座の刻文にある中宮天皇の病気平癒祈願は、中宮即ち皇后から天皇になった人物の存在を示しており、万葉集の中皇命《なかつすめらみこと》と共に女帝の証明である。ただ野中寺の刻文が記す丙寅年は六六六年に当たるが、『書紀』の記す間人大后の死はその前年であり、間違いなく皇位に就いていた斉明は、もっと以前に死んでいる。つまり六六六年の時点で病床にあった女帝は、存在を知られていない第三者ということに理屈上はなるのだが、これは現実には有り得ない。中宮天皇という以上、皇后の経験者でなくてはならず、間人でも斉明でもないというなら推古まで遡ってしまう。

矢張りここは『書紀』の記述を疑うべきであろう。間人か斉明の何れかが存命しており、野中寺の刻文はその証明である。『書紀』のこの時代の記述には、繰り返し述べてきたように、唐を意識した意図的な嘘も少なからず有る。金石文の史料価値には、遠く及ばない。

斉明生存説は、着想としては面白い。斉明が六六六年の時点で病床にあり、翌年あたりに死んだとすれば、六六八年の天智即位と計算は合うし、また異常に長い斉明の殯期間も説明がつく。問題は『書紀』が生きている天皇を何故死んだことにして、歴史から消さねばならなかったのかという点である。これを唐からの、白村江の戦争責任追及から逃れるためであったなどと説明した論考があったが、無論的外れである。斉明一人が雲隠れしたところで、後に残った天智以下の朝廷幹部が無傷で済む保証など有る筈がない。事実唐は一老女の存在など眼中になく、後述するように、もっと現実的で厳しい要求を出してくるのである。

斉明生存説の中には九州王朝説の立場から、近畿勢が白村江への出兵を拒む口実として斉明崩御を発表し、いち早く大和へ引き揚げたとするものがある。その一方では第一章で紹介したように、「新羅本紀」の「倭船千艘」を取り上げ、白村江には行ったが、土壇場で倭国を裏切り帰国したと言うなど、その場に応じて自説に都合のよい解釈を示しているが、仮説もここまでくれば妄想と変わらない。

九州王朝説を全面否定すると言うのではないが、七世紀後半にもなって、尚九州王朝が存在していたとは思えない。仮に存在したとしても、それなら倭国（九州王朝）を裏切って唐に加担した大和政権が、唐からの戦争責任追及を恐れる理由など有り得ない。これから始まる唐との交渉においても、唐の覚えめでたい友好国として、堂々と五分に渡り合える筈なのだが、実際には百害あって一利なしの冊封を押し付けられており、九州王朝説に立脚した説明には無理がある。

中宮天皇は間人大后か

斉明は『書紀』の記述通り、朝倉の宮で死んだ可能性が高いと私は思う。

百済出兵は斉明の本意ではあるまい。倭国の対朝鮮諸国政策は、敏達朝の日羅の提言以来、軍事デモンストレーションだけで実際には派兵せず、相手に妥協を促すものであった。今回は唐による百済滅亡を踏まえたもので、従来とは比較にならぬ重大局面であるが、斉明自身にその認識がどこまであったかを私は疑う。伊予の温泉に逗留したり、臨月の孫娘（大田皇女）を同行させるなど、戦場に向かう緊迫感とはおよそ相容れない感じではないか。

従来通り軍備を誇示するに止め、本格的軍事介入には消極的な老女帝を脅迫するような朝倉宮の怪異現象が『書紀』に記されており、やがてその死を以て百済救援戦争への本格的介入が始まる。恐らく親百済勢力による暗殺であろう。彼女が朝倉に宮を置いて、太宰府に入らなかったのは、百済滅亡による亡命者が多数集結し、早期救援を叫ぶ声が大勢を占めていたからとも考えられよう。

斉明が死んでいたとすれば、残る中宮天皇は間人大后しかいない。間人の即位を史料からは確認できないが、可能性は大いにある。天智と天武の緩衝材としても斉明以外では最適任者であるし、何よりも天智称制の言葉の意味にピッタリではないか。母であり、経験豊富な女帝であった斉明よりも、妹であり、孝徳皇后であった間人にこそふさわしい用語であろう。

問題は間人の死が六六五年二月であり、その後も三年近く称制が続くことである。片や野中寺の金石文では、中宮天皇は六六六年の時点で生存していた。こうなると『書紀』の間人死亡記事を疑わざるを得なくなる。

唐の戦後処理は倭国間接統治

ここで国際問題に目を向けてみよう。白村江の戦勝国である唐は、倭国に対して唐の冊封を受け、臣従することを求めてきた。第二章で述べたように、形の上だけにせよ新羅と百済の和解も済ませた上でのことである。倭国は拒絶の口実すら封じられ、泣く泣く冊封を受諾させられた。

百済戦後処理の教訓

これに先立つ百済王朝復活の手法が、実に興味深い。

唐は当初百済領の直轄統治を目論んだが、抵抗運動の激化を見て間接統治に切り替え、百済王朝を再興させた。とは言え百済王に冊命されたのは、泗沘城でいち早く降参した元太子の隆で、義慈王と最後まで行動を共にした太子の孝ではない。傀儡として意のままに動かしやすい人選であろう。肩書きも熊津都督百済王であるから、あくまでも唐皇帝の臣下である。王族の登用によって百済の民衆感情を宥めつつ、百済一国を唐の版図に組み入れようとするものであった。但し結果は新羅の攻勢の前に隆は唐に逃げ帰り、唐軍も百済領を維持できず、計画倒れになるのであるが、それは前章の最後に述べた通りである。倭国に冊封受諾を迫った段階では、隆が唐を後ろ盾とした百済王であった。

この戦後処理の手法は、倭国に対しても当然採用されたであろう。倭国に反論の口実を与えないために、新羅と百済の和平会盟を曲がりなりにも成立させた上で、劉仁願は部下の郭務悰を倭国に派遣した。六六四年五月である。白村江から約九か月を要したのは、間接統治の準備であって、武力侵攻など唐は頭から考えていない。海を渡って武力侵攻などしたら、百済などとは比較にならぬ厄介な泥沼に落ちることは百も承知である。

書紀が記さぬ冊封受諾

郭務悰が帰国したのは六六四年十二月であるから、交渉がスムーズに進んだとは言い難い。最大の難問が、倭国王の人選であったことは間違いあるまい。結局は唐の推す倭国王を受け入れざるを得ず、間人は翌六六五年二月に死んだことにされた。九月には唐朝廷から、倭国王冊命の正使である劉徳高が来ているから、慌ただしく退場せざるを得なかったのも仕方がない。

そこで問題となるのが、唐の指名した倭国王とは誰かということである。『書紀』は唐の冊封自体を否定する立場で書かれているから、当然のことながら冊命された倭国王の名は記していない。しかし冊封を受けたことは紛れもない事実であり、それを証明するのが泰山封禅への使者派遣である。

泰山封禅

泰山封禅とは、中国の聖地とされる泰山で、時の皇帝が皇族以下百官を率いて天地を祀るという、中国の王朝にとって最大の儀式である。尤も全ての皇帝に為し得ることではなく、過去に実施し得たのは秦の始皇帝、前漢の武帝、後漢の光武帝という、何れも王朝を代表する大皇帝である。四人目が唐の高宗というわけだが、本来は前代の太宗が行うべく計画されたものだった。処が高句麗問題のもたつきに加え側近の諫言などもあって、太宗が逡巡しているうちに死んでしまい、高宗にお鉢が回ってきた次第で、前出の三大皇帝に比べると、太宗はともかく、高宗では少々見劣りがするようにも思える。

高句麗もまだ抵抗を続けている中で、敢えて泰山封禅に踏み切ったのは、唐朝廷内の権力闘争の終焉を意味しており、はっきり言えば則天武后の勝利宣言であった。唐王朝の事実上の開祖である太宗ですら逡巡した泰山封禅を挙行したのは、名目上の皇帝高宗の陰にいた則天武后と言えよう。

話が本質から外れることを承知の上で回り道をしたのは、後に倭国ならぬ日本国を承認するのが、他ならぬ則天武后だからである。高宗の死後間もなく、遂に即天は唐王朝を乗っ取り、国号も周と改めた。謂う所の武周革命である。倭国はこの機会を捉えて日本国を名乗る遣唐使を派遣し、即天の承認を得たのである。

即天が倭国の実情をどこまで把握していたかは分らないが、倭国ではなく日本国だと言い張る粟田真人達の言を全面的に信じた訳でもあるまい。しかし自らが易姓革命をやってのけた直後であり、他国の権力交代をとことん追及するのには躊躇するものがあったかもしれない。

もし其処まで先を読んだ大宝の遣唐使派遣であれば、当時の倭国の為政者はただの鼠ではない。抜群の情報収集能力と、際立った外交センスの持ち主といえよう。はたして当時の倭国に、そのような人材がいたであろうか。最終章で考察しよう。

冊封使と共に帰国した定恵

唐から冊命を受けた倭国王としてその名を明記する史料はないが、『書紀』の行間にそれを考えるヒントはある。

劉徳高等が船に付きて帰る

前述の如く唐は百済王として即位させるべく、捕虜として唐に留めていた元太子の隆を帰国させた。数ある候補の中から隆が指名されたのは、血統や知名度に加え傀儡としての適性であろうと先述した。三年近くの抑留中に、言語や唐の諸制度、風習などにもある程度馴染んだ筈で、平たく言えば気心の知れた相手と言えよう。

倭国の場合、そのような条件に合致する人物は居たか。

『書紀』の行間のヒントとは、伊吉博徳の言として孝徳紀白雉五年条に挿入された、遣唐使に随行した学問僧たちの消息記事である。ここに「乙丑《きのとのうし》の年〈六六五〉を以て、劉徳高等が船に付きて帰る」と記された定恵こそ、史料に残る唯一の該当者ではあるまいか。

定恵は出家する以前の幼名を真人《まひと》と言い、一般には藤原鎌足の長男とされている。『書紀』も白雉四年（六五三）の遣唐使派遣記事において、学問僧として出発する定恵に、「内大臣の長子なり」と注記を付けている。前記の帰国記事がさほど重視されてこなかったのも、天皇家とは無縁の人物とされていたからであろう。尤も、天智称制期間に唐から冊命された倭国王がいたなどとは考えられていないのだから、関心が薄いのは当然かもしれぬ。

誕生にまつわる事情

しかし定恵を孝徳天皇の落胤だとする伝承は昔からあった。伝承とは言え、神話の如き雲を摑むような話ではない。『多武峯略記』は鎌倉初期の寺誌と言われているが、巻上の第十一住侶に定恵誕生にまつわる事情を記している。原文を長々と引用する必要もあるまいから要約を記すに留めるが、概略は次のようなものだ。

乙巳の変に先立ち、蘇我政権下で孝徳に接近した藤原鎌足に対し、孝徳は盟約の証として寵妃を与えたが、彼女は既に身籠っていた。そのことは孝徳も知っており、生まれたのが定恵である。定恵誕生の部分は「元は是孝徳天皇の寵妃なり。……賜いて夫人となる。時に夫人、孕むこと既に六か月。詔して曰く、生子もし男なら臣が子と為せ。もし女なら朕が子と為さんと」（原漢文）とあり、更に続けて四か月後に生まれたのが男子だったので、鎌足の子にしたと記されている。

鎌足が一時期孝徳に接近したことは『書紀』や『藤氏家伝』にも見られ、『書紀』にも寵妃拝領の記述がある。但し『書紀』の寵妃が阿倍氏であるのに対し、『多武峯略記』は定恵の母を車持夫人としている。また『家伝』は定恵の入唐を十一歳と記しているから逆算すれば皇極二年生まれとなり、『書紀』の阿倍氏拝領記事がある皇極三年とは一年ずれる。そういった微細な問題は残るものの、乙巳の変という大事を前にして、孝徳と鎌足が緊密な関係にあったことは間違いあるまい。

生まれた子が男子なら鎌足の子にするというのは、鎌足の身分保障の意味を含んだ一種の人質であると同時に、孝徳が中臣一族に打ち込んだ楔でもある。この時点で鎌足には後を継ぐ男子はいない。後年織田信長が、長浜城主になったが後を継ぐ子がいない秀吉の養子として、実子於次丸を送り込んだ事例を連想させる。

定恵の渡唐と高向玄理

孝徳政権が高向玄理や僧旻《みん》の舵取りで親唐政策を採り、守旧派、即ち親百済派の巻き返しで挫折したことは、第二章でも述べた。定恵の入唐は白雉四年（六五三）であるから、既に百済派が実権を掌握していた。定恵は十一歳にして出家させられ、剰《あまつさ》え国を追われたのである。

この時点では不比等はまだ生まれておらず、鎌足には他に男子は居ない。一族の国足の子である意美麻呂を猶子にしていることから見ても、定恵が鎌足の実子であれば到底考えられない措置である。権力の移動に伴い、孝徳から天智や天武へとスタンスを移した鎌足にとって、定恵は厄介な荷物になった。とは言え孝徳存命中であるから暗殺も出来ず、秀才の誉れ高い学問僧として、事実上の国外追放処分にしたものであろう。

このことは裏を返せば、定恵の出生をめぐる話は公然の秘密であって、倭国上層部では知れ渡っていた筈である。定恵に一年遅れて高向玄理が入唐しているから、唐も知っていただろう。否、唐による倭国王冊命に関しては、高向玄理が書いたシナリオと言っても過言でないほど、彼の関与が多大であったと私は思っている。

玄理の入唐は白雉五年（六五四）である。前年に定恵たちを率いて入唐した吉士長丹の帰国も待たずに出発したもので、明らかに異常と言えよう。彼自身が推し進めてきた親唐政策が、百済派に押さえ込まれて動きが取れなくなり、唐に救援を求めるため自ら行動に出たものであろう。前年の遣唐使も同様の使命を帯びていた筈であるが、第二章で述べた如く唐はこの時期内政に追われており、国外までは手が回らない。逆に高宗から新羅救援命令が出され、吉士長丹はそれを持ち帰ることになった。玄理とは入れ違いである。

入唐した玄理は、改めて孝徳政権の窮状を唐に訴えたことであろう。百済派の横暴に対抗するための人材として、有間皇子や定恵の名も挙がったに違いない。

唐から見た孝徳政権の印象は、決して悪いものではない。勿論玄理や金春秋の働きかけによるものではあるが、高句麗対策としても、新羅と共に東夷の藩屏としての利用価値は充分認識されていた。だからこそ新羅救援命令も出されたのである。

またしても脱線するが、新羅救援命令の言葉には違和感があるかもしれぬ。命令ではなく要請ではないのかと。倭国はこの後白村江の敗戦の結果として唐の冊封を受けるのだから、この時点では独立国であり、命令云々はおかしいのではないかと。しかしそれは日本人の常識ではあっても、中華思想では中国が世界の中心であり、外交の対象国は全て中国皇帝の徳を慕って朝貢してくるものと位置づけ、どのような相手であれ対等外交など有り得ないのである。

そのような感覚は古代のみならず延々と継続され、武力では完敗したアヘン戦争の終戦処理に於いてさえ、形式上とはいえ勝者である英国に朝貢を要求した。現在では皇帝が存在しないから、朝貢という言葉は表面上なくなったが、米中国交回復交渉も日中のそれも、舞台は北京であった。立場の強弱とは関係なく、自分の方から出かけて行くことは考えない、これが三千年近い歴史を持つ中華思想の一面である。

有間皇子の刑死の影

唐が白村江の戦後処理に際し、敵対した天智たち百済派を排除し、親唐的であった孝徳朝の再興を目論んだことは間違いない。しかし孝徳は既に死亡しており、後継者と目された有間皇子も処刑されたという。孝徳はともかく、有間に関しては郭務悰が容易には納得せず、刑死の真偽や経緯などを徹底して調査したことであろう。

倭国側の交渉責任者には藤原鎌足の名がみえるが、倭国王候補に定恵が浮上した以上、余人を以ては代えがたい人選である。五月に来日した郭の帰国が十二月と滞在期間が異常に長く、その間に一度ならず郭に対する饗応記事があるのは、有間事件を曖昧な説明で幕引きを図る倭国の姿勢に苛立つ郭を、懸命に宥めている鎌足の姿を彷彿させるようだ。

結局唐は有間の死を確認し、次善の策である倭国王定恵が内定した。これを受けて『書紀』は間人の死亡を記すが、それが表向きの話であることは前述の通りである。

倭国王冊命の正使である劉徳高が、定恵を連れて来日したのは、六六五年九月である。翌年正月に迫った泰山封禅の事を考えれば、少々慌ただしい日程だが、この辺りにも唐の当初の計画にあった倭国王が有間であり、郭の報告を受けて急遽定恵が代役に起用されたのではないか、と推考する所以である。

定恵が倭国王であったことを証明する史料は何処にもない。残念ながら推論の域を出ないことは認めざるを得ぬが、このように仮定すれば、これまで説明のつかなかった天智称制の謎が、かなり解明できると思う。

倭国王定恵のその後

多くの入唐留学生や学問僧の中から唯一人、それも唐朝廷の正使に伴われて早期に帰国した定恵には、当然相応の理由がなくてはならない。この時期の不思議な天皇不在期間について、『書紀』が称制の語を用い、天智に補佐された人物の存在を仄めかしながら、遂にその名を記さないのは、〈はじめに〉で述べた『書紀』の使命を考えれば、実によく理解できる。政治の実権が誰にあったかはともかく、唐の冊命を受けた倭国王は存在し、その使者が泰山封禅に列席したことは『旧唐書』劉仁軌伝の記す如く、紛れもない事実である。

百済人による殺害説

定恵のその後については、さっぱり分らない。『藤氏家伝』は帰国直後に百済人に殺害されたと記すが、多武峯（談山神社）関係の縁起等ではもっと後まで生きていたことになっている。尤もこれらの諸伝は、定恵の帰国を白鳳時代と大幅にずらしており、定恵を藤原氏の一員として祀る為の、藤原不比等による苦心の工作がなされた可能性も考えられよう。子孫によって祀られることのない霊が怨霊となることは、当時の常識であった。

百済人による殺害は、大いに考えられることである。直接の下手人が誰であろうと、背後に天智がいたことは間違いあるまい。さらに踏み込んだ推論を言うなら、百済人とは天智自身を指したものであり、乙巳の変直後に古人大兄皇子が言った「韓人《からひと》、鞍作臣を殺しつ……」（書紀）の韓人と同等の表現であろう。

それでは定恵は何時殺されたのであろうか。『家伝』は帰国直後だと言うが、いくらなんでも劉徳高や郭務悰の滞在中は無理だろう。劉徳高たちの帰国は十二月である。少なくとも暗殺はこの年ではあるまい。

天智が強行した近江遷都

翌六六六年は泰山封禅の年である。唐の耳目が遠退いたタイミングをとらえて、天智は早くも行動を起こした。

『書紀』は「是の冬に、京都《みやこ》の鼠、近江《あふみのくに》に向きて移る」と記し、六六七年三月には近江遷都を明記する。続けてこの遷都が万民の反対を押し切って強行されたもので、不満の声が多かったと述べた上で、「日日夜夜《ひるよる》、失火《みづながれ》の処多し」と物騒な記述を残している。遷都に従わぬ者を放火で追い立てたものであろうか。

何れにせよ遷都の目的は定恵を孤立させるためで、天智は以前に全く同じ手法で孝徳朝を潰している。この時は難波の宮に孝徳一人を残し、皇極上皇（斉明）、間人皇后を始め、公卿大夫以下百官を率いて飛鳥に移ってしまったのだから、高向玄理が唐に去った孝徳朝は機能しなくなり、間もなく崩壊した。尚、この時飛鳥に移った一行の中に、「皇弟」として天武がさりげなく『書紀』に初めて顔を出すことに、注意を促しておきたい。

天智は唐の冊封下の倭国王として死んだ

このように天智は学習済みの手法を用いて、定恵を無力化した。

天智即位と司馬法聡の来日

天智の即位は六六八年正月と『書紀』は本文で述べながら、一説では前年三月、即ち遷都と同時に即位したとの記述も残している。実は三月に遷都しておきながら、天智は八月に飛鳥に戻っているのであるが、十一月に劉仁願の使者として司馬法聡が来日しているから、その対応の為であったことは疑い得ない。司馬法聡の用件がどのようなものであったかは分らないが、定恵がこの時まで生きていれば、倭国の現状を説明したかもしれない。

定恵の存在は別としても、司馬法聡がこの二年間の変化を何も感じ取ることなく帰国したとは、誰よりも天智自身が思わなかったであろう。その危機感の表れが、司馬法聡の帰国記事の直後に『書紀』が記す高安城、屋嶋城、金田城の築城である。唐の冊命を受けた倭国王定恵の意に反して、近江遷都を強行した天智が、唐の制裁に備えたものと考えるのが妥当であろう。

半島情勢を優先した唐

しかし唐はこの時期、激化しつつある新羅との鍔迫り合いの中にあって、倭国を味方につけておく必要があった。建前はともかく、倭国の内政にまでいちいち干渉している余裕がない、というのが本当の処だろう。定恵であれ天智であれ、唐の冊封下にあって命令に従う倭国王であれば、取り敢えずそのまま黙認しておき、近いうちに対新羅戦に動員した方が得策との判断である。

尤もこれは現地責任者である劉仁願あたりの判断であって、朝廷の中枢部は関知しない話であろう。朝廷の公式判断であれば、倭国王の入れ替えなど簡単に許す筈もないし、後に倭国消滅を巡って戸惑う様子からも、現地責任者が都合のよい報告をしていた感じがする。

上記のような背景の中で、とにもかくにも近江朝廷は発足した。天智の最後の年である六七一年に郭務悰が持参した唐の国書の表書は、『善隣国宝記』によれば「大唐皇帝敬問倭王」だったというから、天智は唐の臣下の倭国王として生涯を終えた訳である。

以上が私の考える天智称制の真相である。限られた内外の史料を基に、推考を重ねたものであり、大きく間違っているとは思わないが、諸賢のご批判を頂ければ幸いである。

付　言

本章の最後に若干付言しておきたいことがある。

多武峯

まず定恵の居た場所であるが、おそらく多武峯であろう。『書紀』の表現を借りれば両槻宮であり、天宮とも言う。其処が巨大な山城であったことが、近年の発掘調査で明らかになった。

斉明紀によれば「田身嶺《たむのみね》に、冠《かうぶ》らしむるに周《めぐ》れる垣を以てす」と記されているから、多武峯を石垣で取り囲む大工事であったことが分る。尤も築城工事の記述は斉明紀に限られており、これだけの大工事が完成していたかどうかは分らない。同じ斉明紀の「狂心《たぶれごころ》の渠《みぞ》」と共に、更なる発掘調査の進展を期待する。

多武峯山頂には談山神社があり、定恵は養父鎌足と共にその祭神として祀られている。鎌足の墓は『家伝』によれば山階精舎であるし、阿武山古墳でも鎌足らしい遺体が出ているから、多武峯は本来定恵の墓であり、その終焉の地に不比等が祀ったものであろう。

不比等は定恵の入唐後に生まれ、定恵の帰国時には八歳になっていた。血の繋がりはなくとも、倭国王として迎えられた兄定恵を、誇らしい思いで眺めたことだろう。その兄が運命の荒波に揉まれ、無念の死を遂げるさまを目にした彼は、定恵を一族として迎え入れ、丁重に祀った。後年の冷徹非情な大政治家、藤原不比等の一面を此処に見る。

守君大石の泰山列席は唐の指名か

本文中で言及しなかった問題をもう一つ。

泰山封禅に倭国王の使者として列席したのは、守君大石《もりのきみおおいわ》である。彼は有間皇子の側近であり、有間と共に逮捕されたが処刑は免れた。とは言え天智たちにとっては罪人の片割れであり、札付きの危険人物であろう。そのような者が大切な使者に抜擢されたのは、唐が有間皇子を倭国王の本命と位置付けていたことの証明でもあり、守君大石の列席は唐の指名であったかもしれぬ。

尚、『書紀』は冊封自体を否定しているから、泰山封禅についての記述も当然ない。それでも守君大石の入唐は記しているが、劉徳高らの送使に紛れ込ませて誤魔化している。劉徳高の帰国は十二月であり、泰山封禅は翌年正月であるから、これでは間に合わない可能性がある。ここでも『書紀』は守君大石の派遣を「是歳」と巧みにぼかし、送使との言明も避けている。

第四章
唐人の計るところ

壬申の乱勃発直前、白村江の戦などで唐に捕虜として抑留されていた倭国人数名が帰国した。彼らがこの時期に急ぎ帰国し、祖国に伝えようとした情報とは何か。その目的は達成し得たのか。更に、敢えて帰国を容認した唐の思惑は奈辺にあるのか。「新羅本紀」から読みとる、倭国人捕虜の悲劇。

『書紀』が天智十年（六七一）十一月条に記す、沙門道久、筑紫君薩野馬、韓嶋勝娑婆、布師首磐の唐からの帰国について、考察を試みる。

関連する記述が持統四年（六九〇）十月条にもあり、ここでは土師連富杼、氷連老、筑紫君薩夜麻、弓削連元宝の児と記されていて、人員は同じく四人であるが、顔ぶれが変わっている。

また持統紀の記す四人の帰国は「天智三年」であり、称制期間を入れると天智九年であるから一年合わないが、これは後述の解釈で説明できると思う。双方に登場する薩野馬《さちやま》と薩夜麻《さちやま》が共に筑紫君であり、名前の訓も共通するから、同一人で間違いあるまい。

そう考えるとこの一連の帰国記事は、天智十年に薩野馬を含む数名が、唐から帰国したと述べているに過ぎないのであるが、実は大きな研究課題を我々に突き付けていることに気付かねばならない。

天智十年の薩野馬らの帰国記事

天智紀の記す処では、薩野馬らは郭務悰に伴われての帰国である。一方持統紀では、彼らは百済救援戦争の際の捕虜であり、独力で帰国を果たしたような表現である。彼らが捕虜であったとの記述はないが、彼らの仲間であり、彼らの帰国費用を捻出するため自らの身を奴隷として売った大伴部博麻《おおともべのはかま》については捕虜と明記されているから、彼らも同様の事情で唐に在住していたものと思われる。

自由帰国か送還か

彼らが捕虜であったなら、旅費さえ工面すれば自由に帰国できるというのは腑に落ちない。この時代の捕虜の扱いと言えば、厳しい場合は斬首、軽い場合でも労役である。身柄の拘束は解かれていたとしても、勝手に国外に出るなど簡単に出来ることではない。唐は一般人の出国は原則禁止であり、玄奘三蔵や鑑真和尚も建前では密出国である。やはり薩野馬たちの帰国は、天智紀の記すように郭務悰に伴われたものであり、当然唐の意向を受けたものと考えるべきである。そうであれば第三章で採り上げた定恵のように、唐として彼らに何らかの利用価値を認め、その目的達成のための送還ではあるまいか。

『書紀』は、郭務悰が薩野馬達を、二千人の大軍に倭国が驚いて臨戦態勢を執らないよう、事前説明のため先遣隊として寄越したと記しているが、唐の下心を垣間見る感がある。郭は二年前にも二千人で来日しており、今回に限って先触れが必要とは解せぬ話である。

二千人の大半は百済難民

また二千人の大軍と言うが、そのうち郭が率いるのは六百人で、残りの千四百人は「送使沙宅孫登等」と記されており、沙宅孫登の名から判るように、大半が百済人であろう。送使などと言う言葉に惑わされてはいけない。先に泰山封禅の使者として紹介した守君大石も送使の一人にされていたように、本来の使命や目的を明記したくない場合の、便利な表現方法なのである。

思うに二千人の大半は、百済の難民であろう。この年の夏には新羅軍の攻勢の前に泗沘も熊津も陥落し、親唐派の百済人達は大挙して亡命せざるを得なくなった。二年前に郭が連れてきた二千人も同様である。

唐が倭国に百済難民を亡命させる目的は、人道上の問題などと言う綺麗ごとではない。彼等をして倭国の親百済派に働きかけさせ、倭国を対新羅戦に駆り出すためである。これまでも度々述べてきたが、夷を以て夷を制すのが冊封帝国唐の国策であり、対新羅戦に限ったことではない。ついこの間の対百済、対倭国戦では新羅を存分にこき使ったし、対高句麗戦では突厥も靺鞨も動員されている。

このような手伝い戦の馬鹿馬鹿しさは、新羅のケースを見れば一目瞭然であるから、倭国も簡単には腰を上げない。郭に先立ちその督促の為に、やはり劉仁願配下の李守真が来日したが、正月に来て七月まで半年に及ぶ交渉でも、倭国は出兵の確約はしていないようだ。そして十一月、郭務悰が最後の談判に乗り込むに当り、放った先遣隊が薩野馬達である。

帰国者達は何を伝えたか

持統紀は薩野馬達が帰国を決意した動機を、「唐人の計る所を奏聞《きこえまう》さむと思欲《おも》」いと述べている。そして大伴部博麻の犠牲により旅費を工面し、「博麻が計《はかりこと》の依《まま》に、天朝《みかど》に通《とづ》くこと得たり」と、目的が達成されたことも記している。しかし先述の如く、彼らが如何に切望しようと、唐の許可なくして帰国は不可能だ。もし帰国の自由が与えられていたなら、白村江からでも八年、大伴部博麻のように斉明七年の出征なら十年以上の年月を経ており、その間遣唐使も訪れているのだから、帰国のチャンスはあった筈だ。繰り返しになるが、彼らの帰国は唐の意思によるものと考えなければならない。

しかし持統紀の記述にも、注目すべき点がある。彼らが帰国を切望していたのは事実であろうし、それが単なる望郷の念に止まらず、「唐人の計る所」と記された何等かの情報を得て、一刻も早く故国に伝えねばと思い詰めていたのであろう。大伴部博麻の身売りという悲壮な話も、そういう背景であれば理解できる。

「唐人の計る所」とは何だろう。原文は「唐人所計」であるが、これは「謀るところ」の意であろう。計の文字には企ての意味もある。何れにせよ倭国にとっては、歓迎できる話ではなさそうだ。

新羅本紀の証言

その答えは「新羅本紀」から得られる。

新羅の文武王は、唐の薛《せつ》仁貴にあてた書簡（六七一年七月二十六日）の中で、總章元年（六六八年）に得た情報として「唐が船舶の補修を盛んに行っており、表向きは倭国征伐の為と説明しているが、その実は新羅を攻撃するためのものだった」と抗議している。薛仁貴は唐軍の摠官と言うから新羅征討の責任者であり、文武王に対して降伏勧告を行ったのであるが、それに対する文武王の反論の一部である。

文武王の書簡は、具体的な内容が時系列的に述べられており、信憑性は高い。勿論外交文書であるから、都合のよい自己主張も見られるが、少なくとも前述の船舶補修の話は事実であろう。新羅は王弟の金仁問を始め、多くの人材を唐朝廷の中枢に送り込んでいるのだから、自国の安全に関する情報に間違いがあるとは思えない。

唐の情報は新羅にはほぼリアルタイムで届くから、六六八年に船舶補修が行われたと考えてよい。工事が翌年に及んだ可能性もあるが、場所は常識的には山東半島を中心とする黄海沿岸か、長江下流域だと思われる。薩野馬達がその頃何処にいたかは分らないが、長安のような内陸部に居れば、情報入手が遅れたのはやむを得ない。まして彼らは捕虜の身である。風の噂のような頼りない話では、確かめるための時間も更に要したことであろう。そしてやっと入手し得たのが、倭国征伐の為の船舶補修という驚愕すべき情報だったのである。

情報について、彼らに新羅並みの精度や速度を求めるのが酷なことは言うまでもない。宿衛として高宗側近に侍る金仁問のような存在があってこそ、初めて入手可能な情報である。結果は間違った情報であったが、薩野馬達が一刻も早く故国の危機を報じなければならないと決意し、行動を起こしたことを誰が非難できよう。持統紀の記す天智九年（六七〇）はこの決意の年であり、天智紀の天智十年（六七一）は薩野馬達が対馬に到着した時だから、一年のずれは当然である。

しかし彼らは、少なくとも比知嶋までは郭務悰に伴われて来た。其処から倭国へ先行したのも、郭のメッセージを持たされたお使いである。必死で脱走して来た薩野馬達が、都合よく郭の一行に拾われたなどというおめでたい話は、検討の余地すらない。

郭務悰が帯同した秘密兵器

唐は大伴部博麻の身売りなどから薩野馬達の帰国計画を察知し、それを利用することを考えた。薩野馬達が倭国征伐の話を信じ込んでいる以上、彼ら自身の口から倭国朝廷にそれを伝達させればよい。それによって倭国朝廷が受ける衝撃は、唐が面と向かって行う恫喝以上に効果てきめんであろう。

このような計算に基づいて数名の捕虜が選ばれ、倭国との膝詰談判に臨む郭務悰の秘密兵器として、帯同帰国させたものと私は思う。

劣勢挽回のための倭国兵投入

唐がそうまでして倭国に承諾させなければならない課題とは、言うまでもない朝鮮半島への出兵である。戦況は新羅が優勢であり、熊津すらも失った唐にとって、劣勢挽回の切り札が倭国兵の投入であった。

半島出兵で国論二分

しかしそれは倭国にとっては迷惑この上ない話である。莫大な戦費を負担し、国民の生命を危険に晒した上に、流した血の代償として寸土の領土拡大が望める訳でもない。仮に唐が新羅領を倭国にやると言ったとしても、百済領割譲を匂わせて新羅をこき使った手口を見せられたばかりで、信用できる筈がない。

とは言え冊封下にいる以上、正面切って断固拒否することは難しい。それは即ち唐朝廷に対する謀反とみなされ、征伐の対象となる。それ故度重なる出兵命令にも、何の彼のと理由をつけて引き延ばしてきたが、それも限界となり、倭国は極めて難しい立場に追い込まれた。

このような状況下では、常に国論は二分する。唐の命令を受け入れて、当面の安泰を図ろうという穏健派と、国益を損なう命令は断固拒否し、新羅と連帯して唐との対決も辞さずとする強硬派の対立である。

新羅の対倭国工作

勿論新羅からの連帯勧誘も盛んに行われており、先の周留城無血開城の際の文武王の先行投資がここで生きてくる。

『書紀』が記す新羅の使者は、対唐関係の深刻化に伴い、天智六年（六六七）以降頻繁に来日しており、天智十年（六七一）に至っては、新羅の傀儡国家である小高句麗を含めると、一月、六月、十月と三回もある。加えて他にも壬申の乱終結後に、天武朝から船を貰って帰国したほどの大物でありながら、来日の際の入国記事がない金押実のような例もあるから、この時期新羅からの対倭国工作が凄まじいものであったことは想像に難くない。

このような時に薩野馬達は帰国した。彼らは対馬に着くや、何はさておき唐による倭国征伐計画の情報を注進に及んだであろう。対馬から太宰府への連絡が十一月十日であるから、月半ばには近江の朝廷にも伝達された筈である。それが倭国の国論に及ぼす影響を見極めるように、郭務悰は一足遅れて筑紫にやって来た。

唐の出兵命令はいつ？

唐から倭国に対しての対新羅出兵命令は何時出されたのであろうか。このような重大案件が口頭の伝達などで済むとは思えないから、それなりの地位にある人物が、国書を携えて来日した筈だが、それが見当たらない。天智八年（六六九）の郭務悰や同十年（六七一）の李守真は何れも劉仁願の配下であり、はっきり言って役不足である。

郭務悰の過大評価

研究者によっては郭務悰を唐の将軍に位置付けたものもあるが、何の根拠もない話である。郭の名は唐のどの史料にも記されておらず、劉仁願の下で朝散大夫を称して、外交を担当していたのであろう。先の倭国王冊命においても、下工作は郭がしたが、正使は劉徳高であった。

脇道に逸れることを承知で郭務悰の話をしたが、それは郭の過大評価が数々の妄想を生み、歴史の真実を歪める結果となった論考を、相当数目にしているからである。彼が倭国を占領統治したとか、壬申の乱でどのような役割を果たしたとか、想像にすぎないこの種の妄言には、いささか辟易する。

天智八年の遣唐使

私見では、天智八年（六六九）の遣唐使が、唐の出兵命令を持ち帰ったと考える。倭国がこの時期に遣唐使を派遣したのは、唐が積年の課題であった高句麗征伐を成し遂げたことに対する祝賀の使者である。

高句麗の首都平壌が陥落したのは前年八月であるが、泉蓋蘇文亡き後、彼の息子たちの権力闘争による内部崩壊が、滅亡の主たる要因と言っても過言ではない。長男の男生は平壊を追われて唐に事実上亡命しており、このままでは遠からず男生が高句麗王の冊命を受けて帰国する可能性ありと見た文武王は、高句麗の王族であり、自らの傀儡として操作可能な安勝に働きかけて、所謂小高句麗国の旗揚げに動き出した。このような新羅の動きに対する唐のリアクションが、倭国に出された対新羅出兵命令である。

二回の築城記事

倭国は唐と新羅の板挟みとなり、対応に窮した。何れに肩入れしても、一方とは敵対することになる。当然相手からの反撃も有り得よう。それに対する備えが『書紀』の天智八年末と九年二月に記された高安城修造記事であり、矢張り同時期の長門城や筑紫の二城の築城記事である。

筑紫と長門の築城記事は天智四年（六六五）にもあり、一般にはこれを重複記事とみる説が多いが、それは文字の表面しか読まない文献学者の誤りである。天智四年の記述（八月）は、倭国王冊命の使者である劉徳高来日（九月）の直前である。前年の郭務悰との折衝で冊封受諾の意思表示はしたが、唐朝廷が郭の持ち帰った倭国統治策を諒とするか否かは、正使が到着してみないと分からない。そこで和戦両様の構えを見せつつ、劉徳高を迎えたのであろう。

倭国が懸念したのは、唐軍の駐留である。『書紀』が記す筑紫都督府は天智六年の一度だけであるが、このような呼称があったということは、唐が太宰府を拠点に倭国を統治する案も有していたことの証明であろう。対する倭国は水城建設で唐を牽制する。水城着工記事は天智三年であるから、来日中の郭務悰の目の前で工事を始めたと思われ、虚々実々の駆け引きが面白い。水城の目的は言うまでもなく、太宰府を水没させ、軍の駐留を不能にすることである。

このように様々な背景が読み取れる天智四年の築城記事ではあるが、結果は唐の軍事侵攻は回避され、当面工事を急ぐ必要がなくなった時点で、中断もしくは放置されたのであろう。そこに唐から対新羅出兵命令が出され、俄かに情勢が緊迫したのを受けて、工事が再開されたのである。それが『書紀』の天智八年及び九年の築城記事であり、八年の遣唐使が出兵命令を持ち帰ったと考える理由である。

倭国最後の秋

薩野馬達が帰国した天智十年（六七一）の秋は、ある意味では倭国最後の秋であり、常にも増して慌ただしく過ぎる。『書紀』の記す天智の死は十二月であるが、私見ではもう少し前に死亡または行方不明になっており、天武は既に吉野に去って、近江朝廷は太政大臣大友皇子を中心に運営されていた。

薩野馬達の情報が、どの程度朝廷の方針に影響を及ぼしたかは分らない。

誓盟

『書紀』によれば、朝廷では十一月二十三日に大友太政大臣を始めとする六人の最高幹部が集まり、誓盟をして天皇の詔を奉じたと記しているが、肝心の詔の内容には言及していない。しかし唐の出兵命令に対する、方針決定会議であることは疑い得ない。処が翌日には朝廷内で火災があり、二十九日には同じメンバーで会議をやり直し、同日付で新羅王に贈り物をするなど、只ならぬムードで慌ただしく過ぎ、十二月三日に天智崩御の記述となる。

火災と言い、会議のやり直しと言い、朝廷内の混乱が尋常ではない。唐の命令に服すか、新羅と共に反唐の旗を掲げるか、国運を賭した選択が容易であろう筈がない。

因みに六人の最高幹部の中で唯一人、壬申の乱終結後に処罰を受けなかった人物がいることに、読者の注意を喚起しておきたい。乱の勝敗に大きく影響した東国兵の動向を考える時、無視できぬ存在として浮上する人物である。

壬申の乱については後述することになるが、ここで強調しておきたいのは、それを国内の皇嗣継承争いなどと過小評価してはならないと言うことである。

唐への服従と自主独立派の台頭

近江朝廷の最終判断は唐への服従であった。それを証明するのが、天武紀冒頭に記された、天智の山陵造りの為と称する各地からの募兵である。

半年後の壬申の乱勃発に際し、近江朝廷が鎮圧に動員した兵は、畿内だけでも数万に及ぶ。山陵造りにせよ、吉野に居る天武対策にせよ、これほどの大軍はいらない。明らかに対新羅要員であるが、朝鮮半島へ征って戦うと言ったのでは募兵が難航すること必定である。白村江のトラウマは容易には解消出来ない。

しかし、最早山陵造りなど小手先の誤魔化しが通用する段階ではなく、唐の冊封からの離脱を目指す自主独立派の台頭で倭国は二分し、壬申の乱へと突入して行く。

書紀が記さぬ帰国者のその後

薩野馬達のその後については、『書紀』は何も記していない。大伴部博麻は独り遅れて帰国し、持統四年（六九〇）に褒賞を受けた。その理由が「朝《みかど》を尊び国を愛《おも》ひて、己《おのがみ》を売りて忠《まめなるこころ》を顕《あらは》したことに因るのだから、薩野馬達にもそれらしい記事があってもよい筈だが、天武紀、持統紀を通じて誰一人、名前すらない。少なくとも持統四年まで彼らが健在であれば、共に褒賞を受けるとか、何等かの関連記事があって当然だ。それがないということは、彼らが既に存命していなかったのだと、私は推測する。

彼らのもたらした情報が、近江朝廷の方針決定にどの程度影響を与えたかは不明であるが、彼らが憂国の使命感を持って行動したことは疑い得ない。皮肉にもそれが彼らの命取りになったのであろう。

彼らの運命を思うとき、嘗て訪れた滋賀県の鬼室神社に祀られている、鬼室集斯を連想する。鬼室福信の子と言われる百済の王族であり、近江朝廷でも重用された鬼室集斯が、隠棲したとはいえ天武朝を無事に生き抜くことが出来たのは、唐との繋がりがなかったからであろう。壬申の乱の勝利者となった自主独立派から、唐の走狗として睨まれた薩野馬達には、抹殺を免れる手段すら見出すことは困難であったと思われる。世の中がやや落ち着きを取り戻した持統朝になって、ようやく帰国を果たした大伴部博麻は、結果的には幸運であったと言えよう。

第五章
天智、天武の訣別と、太政大臣の登場

百済王朝の復活を諦めぬ天智と、それに反発する親新羅派に接近する天武。大友太政大臣の登場により、両雄の対決は不可避となる。「書紀」の万世一系造作の為、兄弟とされた両者と、倭国王家を結ぶ存在を推考しつつ、壬申の乱勃発の必然性を述べる。

壬申の乱については既に多数の研究がなされており、部分的には傾聴に値するものも少なくない。しかしその多くが謂う所の壬申紀（書紀の巻二十八、天武紀の上）の研究であり、乱の主たる要因を国内の皇嗣継承争いとして、国際問題に目を向けていないのは明らかな間違いである。確かに乱の敗者となった近江朝廷は滅び、勝者が天武王朝を樹立した。結果だけを見れば皇嗣継承争いの一面もあることは事実だが、朝鮮半島を舞台とした唐と新羅の対決が背景にあり、何れに与するかで国論が二分し、一触即発の状況になっていたことは既述の通りである。

造作された主役たちの素性

導火線の点火となったのは、天智による大友皇子の太政大臣任命であった。天智十年（六七一）正月のことで、この時点で天武は東宮大皇弟である。

朝廷内に百済人を多数登用し、唐の出兵命令を利用してでも百済再興を成し遂げたい、というのが天智の本音である。しかし親新羅派の支持を得ている天武は、当然出兵には反対の立場である。

二人の支持勢力については、壬申の乱の勢力図を見れば、疑問の余地はない。『書紀』

の記す如く、両者が同父母の兄弟であれば考えられないことであり、『書紀』の皇統譜には明らかに造作がある。

今来の渡来人

それでは二人の正体は？　と言えば、断定するに足る史料はない。大胆な推論も目にする。例えば小林惠子氏は、天智は百済王子の翹岐《ぎょうき》、天武は高句麗の泉蓋蘇文に比定しておられる。一見してそんな馬鹿なと、拒絶反応を持たれた方もおられようが、有り得ない話ではない。国籍などという観念が存在したかすら怪しい時代である。朝鮮半島と倭国の交流は、七世紀ともなれば様々なルートが開拓されており、フリーパスで往来していたことは、白村江の遠征や帰還を見ても明らかである。

小林氏の人物比定の是非はともかく、私も天智・天武の両者ともに、謂う所の今来の渡来人であると思う。少なくとも何代にも亘って倭国で勢力を養ってきた名門豪族ではない。理由は以下に述べる。

先ず天智については、百済への思い入れが尋常ではない。不利を承知で百済救援に乗り出し、失敗して倭国王に納まったが、近江朝廷の実態はミニ百済朝廷と言っても過言ではあるまい。近江遷都が飛鳥を中心とする倭国の旧勢力から距離を置くものであったことは確かであり、朝廷内の百済勢力偏重が、壬申の乱の際に裏切りの多発となったことは、想像に難くない。

一方の天武も、見方によっては天智以上に、倭国内での基盤が弱い。その事実は、壬申の乱の展開を見れば、一目瞭然である。壬申の乱を勝利に導いた立役者は高市皇子であり、天武は高市の後ろで見守っていたに過ぎない。

額田の血統

高市は天武の長子と『書紀』は記しているが、その記述が造作であることは明白であり、後に詳述する。そうなると未だ若年の高市に、倭国の豪族が挙って与力した理由を考えなければならないが、並の家系の人物ではあるまい。その推論も後述する。

高市以外にも、倭国の旧勢力と浅からぬ関係と思われる人物がいる。

万葉歌人として有名な額田姫王は、最初天武に嫁して十市皇女を生み、後に天智の後室に入った。これを二人の恋争いと解釈する通説は、全くの的外れである。額田が如何に才媛であったとしても、他人の子供までいる古女房を、色恋沙汰で奪い合うとは到底思えない。天智が欲しかったのは、額田の血統である。

思うに額田こそが倭国王家の姫であり、天智は彼女を天武から取り上げることにより、入り婿の形を得て、倭国王の位に就いた。それのみか十市皇女を大友皇子の妃に迎え、更なる血統の補強もしている。『書紀』が天智を、舒明、皇極、孝徳、斉明と四代にも亘って皇太子と書き続けながら、なかなか即位できなかった事情も、この辺りにあるかもしれない。

皇弟とは倭国王の弟

同様のことは天武にも言える。

『書紀』に天武が初めて記されるのは、白雉四年、天智が孝徳政権を見限り、難波の宮から飛鳥へ引き揚げる一行の中に、「皇弟」としてさり気なく登場する。天智は当時も皇太子であり、通説は皇太子の弟として皇弟を位置付けているが、これはおかしい。素直に解釈すれば、皇弟とは倭国王の弟であって、皇太子の弟ではない。

天武は額田と結婚していたのだから、額田の兄又は姉が倭国王であったなら、義理の仲とは言え「皇弟」と呼ばれても不思議ではない。孝徳紀の皇弟が天智紀で大皇弟に変わるのは、その間に倭国王の死による代替わりがあったと見るべきであろう。

『書紀』はこのようにして、倭国王家の簒奪者ともいえる天智や天武をも取り込み、万世一系の大和朝廷を造作した。それが本書の〈はじめに〉で述べたように、唐の干渉から逃れるための必要手段であったとしても、皇統を推論で語らざるを得ないのは残念なことである。

太政大臣の創設

天智にとって、排除せざるを得ない存在となった天武であるが、東宮大皇弟の地位にあり、親新羅派の支持もあるから容易ではない。そこで苦肉の策として、十年正月、太政大臣なる前代未聞のポストを創設し、息子の大友皇子を任命した。その結果として、天武が蚊帳の外に追われることになったことは、想像に難くない。

天皇の大権を共有・代行

太政大臣が如何なるものかは『大鏡』の記述が参考になるので、一部引用しつつ次に述べるが、一言で言えば、天皇の大権を天皇と共有し、代行することを認められた、極めて強大な存在である。

『大鏡』は「天智天皇こそは、はじめて太政大臣をばなしたまけ《ママ》れ」と、太政大臣なるポストが天智によって創設されたことを証言し、加えて「太政大臣はいにしへの帝の御代に、たはやすくを《お》かせたまはざりけり」とも記している。これは『大鏡』の書かれた平安時代には、太政大臣が藤原氏の世襲や持ち回りの役職にすぎぬ状態になっていたからで、当初の二人の太政大臣が別格であったことを言っているのである。

別格だった大友と高市

当初の二人とは、「持統天皇、また太政大臣に高市皇子をなしたまふ。天武天皇の皇子なり。この二人の太政大臣はやがて帝となりたまふ。高市皇子は、大臣ながらうせたまひにき」との記述から、大友と高市であることは疑い得ない。即位の有無はともかく、この二人は軍事、行政などあらゆる面で、天皇と同等の権限を有していたのである。

因みに三人目の太政大臣は藤原不比等であるが、これは死後贈位であるから、何の権限もない。あとはずっと後世まで間が空き、天皇の大権そのものが有名無実化してしまう。

唐の出兵命令受諾と「譲位」話

天武が東宮を辞して吉野に去るのは、天智十年十月である。この時天智は病床に天武を呼び入れ、譲位を切り出したが天武は固辞し、逆に仏道に入ると称して東宮を辞した、と『書紀』は記す。

この記述から、天武が譲位を受け入れたなら、天智はその場で天武を殺す予定であった、などと解説した著名な歴史学者がいるが、どこからそのような着想になるのか、不思議でならない。殺すつもりならそれなりの準備はしていたであろうから、返事の如何は関係なく実行すればよい。譲位の話に釣られて出向いたが最後、一巻の終わりなのだ。

恐らく蘇賀安麻侶の耳打ちからの連想であろうが、その内容（有意而言矣）は直訳すれば「言動に気を付けろ」であり、精一杯深読みしても「旨い話（譲位）には裏があるかも知れないから気を付けろ」といった程度でしかない。それが何処で謀殺になるのか、有名学者の考察とはこんなものかと呆れたが、驚くべきはそれを定説の如くに踏襲する学者がいることである。

半島出兵への同意が「譲位」の条件

私見では、天智が譲位を条件に、天武に朝鮮半島への出兵に同意するよう、最後の妥協を迫ったものと見る。天智の病気は譲位の理由づけかと思うが、後述の行方不明説を採るならば、病死と取り繕うための伏線かも知れない。

天武は天智の提案を断固拒否し、東宮の地位も捨てて吉野に去った。大友が太政大臣となり、天皇の片腕として政務を執り始めて以来、東宮とはいうものの政務には縁遠い次期天皇予定者に過ぎない。仮に譲位を受け入れて即位しても、見返りに出兵を承諾するのでは、これまで与党であった親新羅派の離反は確実である。支持勢力を失って無力となれば、上手くいっても大友の傀儡天皇、下手をすれば即暗殺の対象にされよう。譲位を断って、朝廷を去ったのは当然である。

天武の基本戦略

此処までは天智も計算済みであったと思う。しかし天武は国論の大勢を見て、もう少し先を読んでいた。

朝鮮出兵を期待するのは百済人だけで、倭国人には白村江のトラウマもあり、歓迎されるはずがない。冊封の盟主唐皇帝の命令であろうとも、倭国朝廷がそれに従って出兵に踏み切れば、反発が出ること必至である。そして一度火の手が上がれば、容易には収拾できぬ動乱になるであろう。その時に備えて親新羅派のみならず、各方面に工作の手を打っておく——というのが、大友太政大臣出現で政務への関与を制約され、単なる次期天皇予定者に落とされた天武の、長期的視点に立った基本戦略であったと思う。

異変

近江朝廷側としては吉野に向かう天武一行に追い打ちをかけ、討ち取ってしまうのが最後の勝機であった。「虎に翼を着けて放つ」と言うほどに危険視しておりながら、天武の長子（懐風藻による）大津皇子を人質として留め置いただけで、天武自身は大津京から脱出してしまったのである。

吉野は山深い場所には違いないが、交通の便はそれほど悪くはない。東に向かえば、後に壬申紀が記すように宇陀から名張へ抜けられるし、西行するなら紀ノ川を舟で下ればよい。天武はここから全国に連絡を取り、与党勢力拡大を図りつつ、朝廷の動向を注視する。

尚、天武の吉野入りを許したのが近江朝廷の最後の逸機と書いたが、天智がそれ程甘い人物とは私には思えない。彼は政敵の存在を決して許さなかった。だとすれば天智自身に、病気以外の何らかの異変が生じていた可能性も考えなくてはならない。

沓塚

古代史ファンなら先刻ご存じであろうが、天智の死には異説があり、『扶桑略記』は『書紀』の十二月三日病死説と併記して、「一云。天皇駕馬。幸山階郷。更無還御。永交山林。不知崩所」と記す。山科辺りへ馬で出掛けたまま帰らず、死体も見つからないと言うのだから、拉致され、別の場所で殺害されたと見るのが妥当であろう。

記事には日付がないので、天武の吉野入りとの前後関係が分らないが、馬で出掛けたのが本当なら、『書紀』の重病説は嘘である。天智を埋葬した山階陵を、一名「沓塚」と地元では呼ぶが、拉致されたと思しき場所に残されていた沓だけを埋葬したから、との伝承が昔からある。

何れにせよ、この時期は両派の緊張が極限状態に達しており、何が起きても不思議ではない。天智の拉致殺害説にも根強い支持があり、当然天武派の犯行と見る人が多い。井沢元彦氏に至っては、実行者として栗隈王の名前まで挙げておられる。しかし天武派の犯行と断定してよいものだろうか。

このような状況下で、天智が身辺警護を軽視していたとは思えない。外出の際には相応の警護体制で臨んだことであろうから、襲撃を受けても応戦できた筈である。戦いになれば痕跡は残る。『扶桑略記』から感じられるのは戦闘の痕跡ではなく、天智一人の失踪である。そうなると天智の警護集団も、疑惑の対象ではあるまいか。理由は次に述べる。

百済人にも動機があった

天智は紛れもない親百済派であったが、倭国王の地位にあったのだから、倭国の国益も考えざるを得ない。天武はともかく、倭国全体を敵に回すことは出来ない。どう展開しても倭国に利が見込めないままでは、出兵に及び腰にならざるを得なかった。

正月に来日した唐の李守真の帰国が七月と、滞在が半年にも及んだのは、天智が出兵の大義名分を求めて、例えば任那の復活などといった条件交渉を持ち出したのではあるまいか。この後時を置かずに郭務悰が来日する（十月）ことからも、李守真との交渉が結論を得たものではなく、天智は出兵の確約まではしなかったと思う。そうなると天智周辺の百済人にも、天智殺害の動機があったと考えられる。

亡命百済人達の悲願である百済王朝の復活を、元太子隆を王位に就けることで、唐は曲がりなりにも実現してくれた。しかし新羅の攻勢の前に唐は劣勢であり、百済の地には新羅の実効支配が進みつつある。唐の命令に従って早期に出兵し、宿敵新羅を百済領から放逐しなくてはならぬ……といった気運が昂じ、煮え切らぬ天智が標的にされた可能性はないのか。もしそうであれば、白村江直前の斉明天皇暗殺と酷似しており、ここでも歴史は繰り返されたことになる。

第六章
壬申の乱の主役は高市皇子

「書紀」は高市皇子を天武の長子と位置付けているが、それは違う。壬申紀に見る高市の存在はあまりに大きく、高市抜きでは壬申の乱は語れない。高市の行動にスポットをあてつつ、若年の彼が倭国の豪族たちから支持された理由を、家系の謎と共に考える。

『書紀』は天武紀を上下二巻に分けているが、上巻は一般に壬申紀とも言われ、その名の通り壬申の乱の記述で埋め尽くされている。これから乱の検証を行うに当たっては欠くことの出来ない史料ではあるが、何分勝者側の記録であることを計算に入れて読まねばならない。

とは言え、ここで圧倒的な存在感を見せるのが、高市皇子である。『尊卑分脈』によれば、高市は当年弱冠十八歳。『書紀』は天武の長子と記しているが、それならば大友皇子と同様、今来の渡来二世である。倭国の旧勢力が挙って与力するような出自と前に書いたが、先ずこの点を推考してみよう。

高市の出自について

小林説への疑問

先行研究の中では、小林恵子氏が『扶桑略記』の一写本に「天地天皇の三男」と書かれていることを以て、高市を天智の息子で即ち大友の弟と比定しておられるが、天地と天智が同一人物か否かなど、断定するには疑問が残る。高市が天智の息子であれば、兄である大友との兄弟による皇位継承争いの様相が色濃くなる。皇位を巡る兄弟喧嘩は珍しくもないが、同族間の争いが全国を巻き込んだ大戦争にまでなるものであろうか。

また百済勢力内の覇権争いでは、高市に加担した多くの倭国豪族や親新羅勢力の意図が説明出来ない。とりわけ天武の立場に立てば、百済勢力の共倒れを待って、近江朝廷を乗っ取ればよい訳で、高市を抱き込まねばならない必要はない。

このような観点から、高市を天智の三男とする小林説には、私は違和感を覚える。

若翁

高市の家系を考える際、彼の嫡子である長屋王の存在が注目される。

長屋王邸宅跡発掘調査で出土した木簡から、彼が長屋親王と呼ばれていた事実を以て、高市天皇が実在したとする主張も一部にある。高市が天皇に即位していたか否かはともかく、天皇の大権を行使し得る太政大臣であったことは『大鏡』等から確認した通りであるから、長屋親王の呼称は不思議ではない。

問題は同時に出土した他の木簡で、膳《かしわで》若翁とか円方《まどかた》若翁などと、長屋王の子女の名を冠した「若翁」なる呼称の存在で、翁の文字が「タフレヌ（名詞ならタフリ）」と読めることを『字鏡抄』から指摘された東野治之氏の研究で、一挙に注目されることになった。

若翁はストレートに読めばワカタフリであるが、『隋書』俀国伝の「利歌弥多弗利」や『源氏物語』の「わかんとほり」のように、若と翁の間に鼻音が入り、ワカミタフリと呼ばれたのであろう。語意は若君様といった処であろうが、奈良時代に一般的に使用されていた言葉であれば、文献や出土物にもっと見られる筈である。

勿論この一事を以て高市を俀国王の末裔と断定までは出来ないが、高市の家系を探るヒントの一つではあろう。その特別な家系が、長屋王家弑逆事件の原因となった可能性すら、考えられないことではない。

尚、『隋書』の「利歌弥多弗利」は、「和歌弥多弗利」の書写ミスであろう。利と和は楷書で書けば違いは明確だが、行書、草書と崩して行けば、極めて間違いやすいことは、書道を習った人にはすぐ分る。「和歌弥多弗利」が「若翁」とも書かれ、仮名文字の発達する平安時代には、「わかんとほり」となって、皇族の子女全般を指す普通名詞になったと思われる。

天武が掲げた旗印

それでは壬申紀の記述から、高市の出自に関することも含めて、その活躍ぶりを検証してみよう。

先ず気づくのは、高市の余りにも迅速かつ鮮やかな、大津京からの脱出である。天武が吉野から東国に向かったのは六月二十四日であるが、翌二十五日の早朝、高市は既に積殖《つむゑ》の山口（現在の柘植）で天武の一行を待っていた。日時や落ち合う場所が、予め打ち合わせされていた訳ではない。

壬申紀は天武が出発直前になって、先発していた村国男依《むらくにのおより》等を呼び戻そうかと逡巡する様を記しており、決起のタイミングや東西何れに向かうかなどに迷いがあったことを示している。高市との事前の打ち合わせがなされていたならば、この段階での逡巡は理解できない。

狙いの的が高市

次いで天武は、大分君恵尺《おおきだのきみゑさか》等を大和留守司の高坂王の許に出向かせ、駅鈴を求めさせた。駅鈴とは朝廷が公務執行の為に支給する鈴であり、各地に置かれた駅で人馬の調達も出来る、通行手形以上のものである。この時点では目指す方向が定まったから、駅鈴が要求出来たのであるが、天武は近江朝廷の重臣である高坂王が、すんなり駅鈴を出すとは思っていない。それを承知で駅鈴を乞わせたのは、駅鈴に事寄せて自分の進路を高市に伝えたのである。

壬申紀は追い詰められた天武が乾坤一擲の勝負に出たような書き方だが、事実は逆であったと私は思う。天武はとりあえず安全な場所に身を移し、対新羅戦争に反対の旗印を掲げておけば、自分に同調する者が多数相次ぐと考えていた節がある。百済人中心の近江朝廷が人心の掌握に苦労することは必定であろうから、その間に自分は、家柄や血統に優れ、人望の集まりそうな存在に対して接近する方策を講じたことであろう。その狙いの的が高市であった。

高坂王の使者は遅くとも夕刻までには朝廷に到着し、天武の吉野脱出を報じたであろう。それを受けて急遽群臣会議で対策が協議された。その席で騎馬隊による追撃が提案されたが、大友が却下したと壬申紀は記す。

この件については遠山美都男氏の著書があり、追撃提案をしたのが高市で、彼が天武の長子であるから、裏切りを警戒して大友が許可しなかったというものであるが、私は同意しない。天武の進路まで分っているのだから、騎馬隊での追撃は極めて有効な手段であり、時間的にも間に合うことは、実際に高市が証明して見せたとおりだ。そのような有効な手段が採用されない筈がない。高市の裏切りが心配と言うなら、他の人物を起用すればよいだけのことである。

それよりなにより、天武の長子が殺害も拘束もされず、群臣会議の場で発言など出来るだろうか。高市が「虎に翼を着けて放つ」と恐れられた天武の長子であれば、当然監視の目も厳しく、日頃から行動の自由も制限されていたであろう。

私見では、高市の追撃提案を大友が了解し、高市は朝廷の騎馬隊を率いて鹿深（甲賀）の夜道を駆け抜けたものと思う。

天武の長子は大津皇子

ところで、近江朝廷が吉野に去る天武に対し、人質を要求しなかったとは思えない。人質は大津皇子であり、天武は彼の救出の為に大分恵尺を高坂王の許から近江京へ直行させている。高坂王が報告書を準備し、使者となる者に委細を命じたりする僅かの時間ではあるが、恵尺は一足先に大津皇子の許に到着し得た。

大津は山部王か石川王の屋敷に逃げ込み、朝廷の捕縛から免れたと推考する。理由は大津が高市より一日以上遅れてやっと鈴鹿に到着したとき、関を通過する為に山部王と石川王を名乗っているからだが、恐らく一方の名を大津が名乗り、もう一方の人物に付き添われていたのであろう。二人とも天武派の王族で、山部王は直後に犬上川（彦根）の陣中において、裏切りの容疑で殺害されている。石川王は生き延び、天武朝で吉備大宰を勤めた。

余談ついでにもう一言。

大津皇子が天武の人質であったなら、彼の兄とされる草壁皇子の存在に疑念が湧く。人質は相手の最も大切な人物でなければならないのは当然で、嫡出子の兄がいるのに弟を選ぶとは考えられない。母親の持統が草壁を連れていきたいと切望しても、近江朝廷が許可する筈がない。下手をすると持統まで一緒に人質にされるかもしれぬ。

矢張り天武の嫡子は大津であり、「皇子は浄御原の帝の長子なり」とする『懐風藻』の記事が正しいと思う。尚、文武紀などの内容から草壁の存在自体を疑う説もあるが、それは後章の課題とする。唯、少なくとも二人の長幼の順には、作為が感じられる。

壬申紀の記述では、高市が積殖（柘植）で天武を迎えた時、率いていたのは七名の舎人だけである。私見の通り朝廷の追撃隊であっても、せいぜい百名以下であろう。天武はその程度の兵力が欲しかった訳ではない。彼が欲しかったのは高市個人であり、その血統を背景とした人望である。

東国兵二万の乗っ取り

その成果はすぐ現れる。天武と別れて不破へ急行した高市は、尾張国司である小子部《ちいさこべの》鉏鉤《さひち》が率いてきた二万名の東国兵を麾下に収めた。近江朝廷が天智の山陵造りの為と偽って募兵し、朝鮮半島の戦場に送る予定の兵である。

尾張大隅

この乗っ取り劇は周到に計画されたもので、少なくとも尾張大隅の協力なしでは成立しなかった。天武の即位前の呼称のひとつが大海人皇子であることからも、一族に大海媛など類似の名が多く見られる尾張氏とは親密な関係であり、尾張大隅も天武派の豪族であった。

彼は壬申の乱の表舞台には登場しない。しかし乱終結後に受けた功田四十町は破格の待遇で、大津京に一番乗りした村国男依の功田十町と比較しても、大隅が如何に厚遇されたかが分る。では大隅は何をしたのか。

天武一行は六月二十六日午前中に朝明《あさけ》で美濃から帰着した村国男依と出会い、不破の関封鎖の報告を受けた。直ちに高市は男依と共に不破に向かい、大隅には急使が立てられた。尾張に集結していた東国兵の出立指令である。

この時期、尾張一国で二万の兵は集められない。『和名抄』の郷数で見れば尾張と三河を合わせて美濃一国分程度であり、美濃では天武の股肱の臣である多品治《おおのほむぢ》が懸命に集めて三千名なのだから、二万の兵は東国各地から集められたもので、一旦尾張に集結させた上で、小子部鉏鉤が近江京へ引率することになっていたものであろう。

大隅の果たした役割は、取り敢えずは天武側の準備が整うまで一行の出発を足止めすることであったと思われる。高市の不破到着を待っていたかのように、東国兵が不破にやってくるタイミングに、偶然とは言えぬ作為を感じる。

小子部鉏鉤

小子部鉏鉤は不破で出会った高市に、抵抗することなく兵を引き渡した。二十七日の多分夕刻である。天武も同日高市に呼び出されて桑名から不破に移動するが、自分で兵を受け取る積りならのんびりしすぎている。当日になって桑名を発ったのでは、すれ違いの恐れもある。二万の大軍だから、尾張の駐屯地も一か所ではないだろうが、一宮辺りを早立ちすれば、天武が桑名から到着する頃には、不破を通過してしまうだろう。

壬申紀は、鉏鉤が偶々出会った天武に自ら兵の引き渡しを申し出たような書き方であるが、事実は既に武装解除された鉏鉤の前に天武が現れたのである。尚この時点で鉏鉤は、天武達の蜂起をまだ知らない。朝廷が東国に送った使者は、前夜の内に高市によって捕えられていた。

小子部鉏鉤は近江朝廷から任命された尾張国司であり、尾張大隅のような土着の勢力とは違う。良くも悪くも朝廷の忠臣であった彼が、一点の疑いもなく兵の引き渡しに応じた

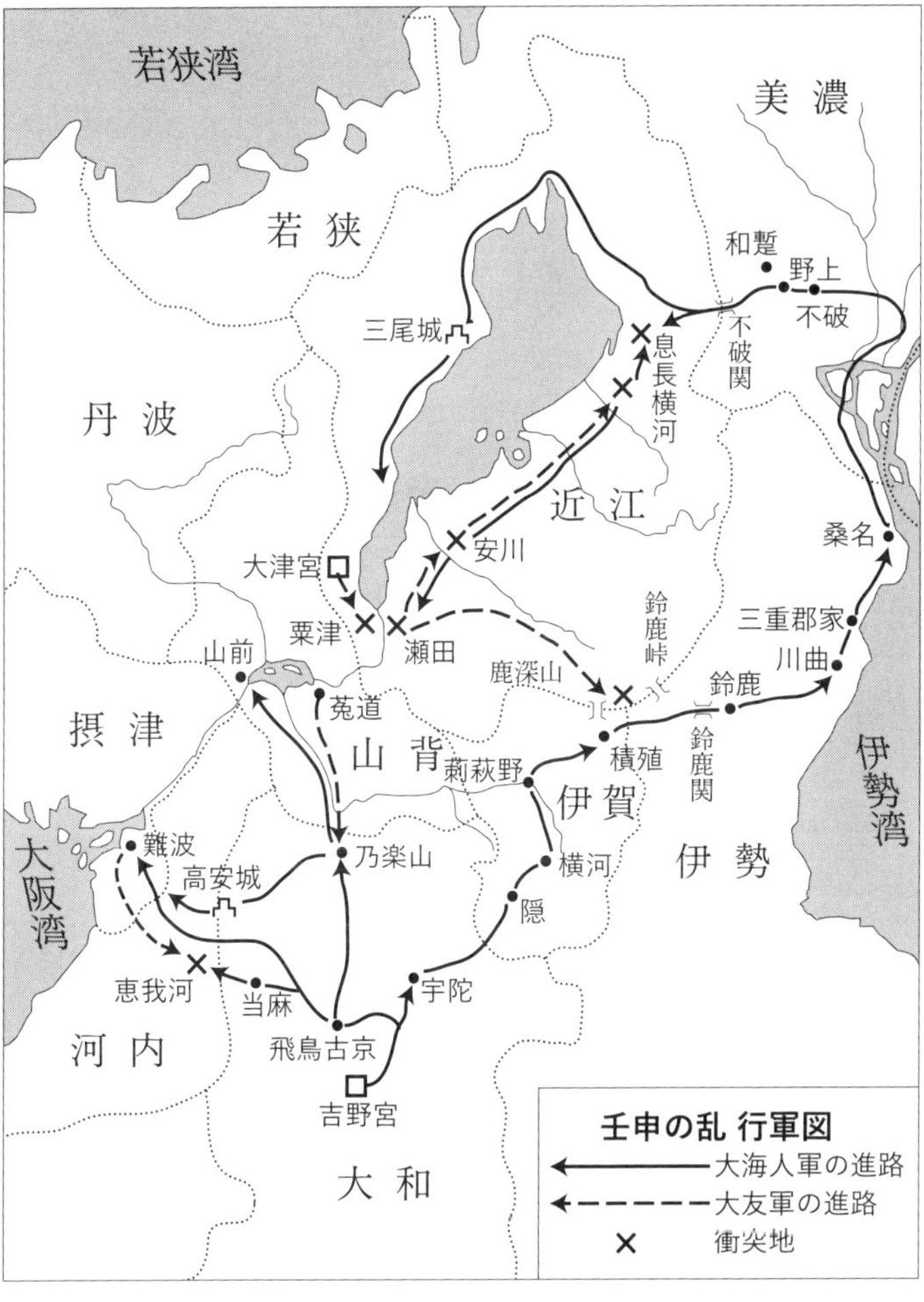

小林恵子著『「壬申の乱」——隠された高市皇子の出自』より

のは、高市を信用していたからである。高市が天武の息子であれば、このようにはなるまい。蜂起の事実は知らなくても、朝廷と距離を置いている天武の身内に、安易に兵を渡す筈がない。腕ずくで強奪すると言うなら、戦うまでの事である。彼には二万の兵がいるのだ。

軍事裁判

此処で今一つの推論を述べる。小子部鉏鉤が個人的に高市と親密であろうがあるまいが、国司としての公務の途中で、兵を勝手に引き渡すとは思えない。高市に兵を引き渡せとの命令が、朝廷から鉏鉤に出されていたと考えざるを得ないのだが、もちろん偽の命令書である。

兵の引き渡しが口頭の伝達で行われることは、まず有り得ない。書面に添えて割符のようなものが用いられたであろう。そのような物の使用は、当然のことながら最高幹部に限られる。

ここで第四章の末尾近くで述べた、壬申の乱後に何の処分も受けなかった、近江朝廷の最高幹部がいたことを思い起こしてほしい。その名は紀大人《きのうし》、官職は御史大夫である。御史大夫は後の大納言との注記があり、近江朝廷では太政大臣、左右大臣に次ぐ高官である。このような立場の人物の関与があったなら、普通では考えられない偽命令の可能性も、皆無とは言えなくなる。

勿論、立証できることではない。しかし他の高官が夫々処罰を受ける中で、紀大人だけは処分の記載がない。因みに大友太政大臣は自害、左大臣蘇我赤兄は配流、右大臣中臣金は斬刑、紀大人以外の二人の御史大夫の内、蘇我果安は自害、巨勢比等《こせのひと》は配流で、何れも子供たちまで流刑などの処分を受けている。注目すべきはこの軍事裁判が、天武ではなく高市によって執行されていることで、そこに紀大人は登場しない。

自害が峰

少し寄り道することをご容赦願いたい。

岐阜県の関ヶ原町は不破の関が置かれていた所であるが、この町の一角に自害が峰と呼ばれる場所がある。壬申紀トレースの一環で不破へも行ってみたのだが、何と言っても関ヶ原は慶長年間の古戦場で有名だから、その時に誰か名のある武将が自害した場所だろうと思っていた。

処がそこは大友皇子の首塚だと言う。平地からは少し山に入った所で、一面の杉木立の中で、一際目立つ二本の巨木が首塚であるとの事。三井寺境内の弘文天皇陵も静寂ではあったが、訪れる人とてないらしい自害が峰に漂うのは虚無感のみ……と感慨に浸っていたら、突如轟音と共に、東海道新幹線が目の前を走り抜けた。トンネルの狭間に居たのである。

我に返って考えて見ると、何かしっくり来ない。前述の軍事裁判が行われたのは八月二十五日であり、大友は既に山前の地で自害していたので、首だけが不破に送られ、二十六日に天武による首実検が行われた。だから首塚は有っても不思議でないが、自害が峰と呼ぶのは如何なものか。

『書紀』は軍事裁判の記述に続いて、小子部鉏鉤が山に入って自害したと記す。大友は仮にも太政大臣という天皇並の地位にあった人物であり、首を山中に遺棄するなどとは思えない。憎い政敵であったとしても、そのようなことをしては天武自身の人望が損なわれよう。後に大友の子の与多王の願いを容れて、陵墓の地に三井寺（園城寺）の建造を認めていることから見ても、自害が峰は鉏鉤の自殺現場であって、大友の首塚ではないとの確信を得た次第である。

処で鉏鉤は何故自害したのだろう。『書紀』は鉏鉤の自害を知った天武の言葉として、「鉏鉤有功者也。無罪何自死。其有隠謀歟」（鉏鉤は功労者なのに何故自殺したのか。もしかして陰謀でも企んでいたのか）と記している。

功有る者とは言うまでもなく、二万の東国兵を鉏鉤が高市に引き渡したことである。これが犬上川まで来ていた近江朝廷軍を打ち破り、反攻に転じて大津京に攻め入る主力軍となったのだから、鉏鉤は大功労者と言えよう。この言葉を素直に受け取るなら、東国兵二万の乗っ取りに天武は関与していなかった可能性もある。

何れにせよ鉏鉤はしてやられたのだ。自分が不用意に引き渡した兵が、近江朝廷を滅亡に追い込んだと知った時の、鉏鉤の驚愕と慚愧の念は想像するだに胸が痛む。彼は人知れず山に入り、自分を国司として重用してくれた天智や大友の霊に詫びつつ、自害して果てたのである。

養子縁組

この東国兵乗っ取り直後に、天武は高市と養子縁組をしたようだ。勿論『書紀』に養子縁組などという具体的な記述はないが、それを連想させる場面がある。

幼少孺子

六月二十七日夕刻になって桑名から野上（関ヶ原町の一部）にやって来た天武は、高市の報告を受け、期待以上の上首尾に改めて高市の利用価値の大きさを認識したのであろう。高市に対する発言が「其れ近江朝には、左右大臣及び智謀群臣、共に議を定む。今朕、与に事を計る者無し。唯幼少《いとけなくわか》き孺子《こども》有るのみなり。奈之何《いかに》かせむ」（近江朝廷には群臣が揃っているが、自分には幼少孺子しかいない。どうしたものだろうか）と記されており、「君だけが頼りだから、今後もよろしく頼む」と言ったニュアンスが色濃く感じられる。また仮に高市が天武の実子であれば、十八歳になり、これ程の大功を上げた者を、幼少孺子などと言える筈がない。

対する高市の応答は「近江の群臣、多《さは》なりと雖《いふと》も、何ぞ敢へて天皇の霊《みかげ》に逆はむや。天皇独りのみましますと雖も、臣高市、神祇《あまつかみくにつかみ》の霊《みたまのふゆ》に頼《よ》り、天皇の命《みことのり》を請けて、諸将を引率《ひきゐ》て征討《う》たむ。豈距《あにふせ》くこと有らむや」というもので、天武を既に天皇と呼ぶなど『書紀』の造作が見られるが、大意としては「貴方は孤立しているが、私に任せておけば悪いようにはしない」と言っているようだ。

尻尾も出して見せる書紀

壬申紀では最初は天智を天皇と記し、天智の死後は天武を天皇と記しているから、この時点でも当然の如く即位前の天武を天皇と造作したのであろうが、これが高市の発言として記されると、違和感が一際大きくなる。同様に臣高市と謙った物言いも、壬申紀の造作であろう。先述の二人の応答を見ても分るが、どちらかと言えば高市が優位に立っているのだ。事実高市は、直前の天武との会話において、伏兵が捕えた近江朝からの駅使の言として「大皇弟」の呼称を用いている。

これら天皇や大皇弟の記述の混乱を、壬申紀の造作やその際の作業ミスと見て、余計なことを考えずに、素直に読むのが多分正解なのであろう。しかし『書紀』は壬中紀に限らず、捏造や改竄を平気でやっておきながら、尻尾も出して見せる、実に面白い史書なのである。ここは怪しい処だから、心して読めと言わんばかりの記述が、至る所で見られる。仮に高市の発言に登場する天皇が、天武ではなく、別人であったらどうなるか。先に紹介した小林説の、天智ならぬ天地天皇が、不気味な存在となる。

額田・十市母娘の血統

兎にも角にも高市の存在の大きさを再認識した天武が、この時点で養子縁組を持ち掛け、高市がそれに応じたものと考える。条件は、十市皇女との縁組であろう。十市は既に大友の妃であり、子も生していたが、この時代の女性は所詮親族の所有物である。天武は高市に対し、大友の近江朝廷を打倒し、十市を腕ずくで奪えと持ち掛けたに違いない。言いかえれば額田、十市の母娘には、血統面でそれだけの価値が存在したのである。

尚、当時の養子縁組の実例としては、国内では第三章で述べた藤原鎌足と意美麻呂のケースが有名だが、唐では仮親、仮子の縁組が盛んに行われていた。仮子とは、地位の高い者が、勢力拡大の為に、地位は低いが力のある者を、養子として一族に取り込む制度である。胡人であった安禄山は張守珪の仮子となって節度使の地位を得、更に玄宗の歓心を買う為に楊貴妃の仮子にもなっている。

何れにせよ天武と高市の親子関係は、この時点の成立と考える。これ以前では高市の大津京からの脱出が説明できないし、これ以降は軍事指揮権の全てを高市が掌握するからである。当日は天武が野上《のがみ》に泊まり、高市は和蟿《わざみ》（やはり関ヶ原町の一部）に帰ったが、翌二十八日と二十九日両日に亘り天武が和蟿を訪ね、協議した結果での権限移譲である。その後天武は野上に帰り、其処を行宮として乱の終結まで動かない。

高市の存在感

高市を巡る謎はまだある。

六月二十九日には、大和で大伴吹負《ふけい》が反近江朝廷の旗を上げた。その手口は留守司の坂上熊毛を抱き込み、矢張り留守司であった高坂王達が近江朝廷の為に徴集した兵を、横取りしようというものである。

高市の名で兵を横取り

この時の吹負の言は「我詐《いつは》りて高市皇子と称《なの》りて、数十騎を率て、飛鳥寺の北の路より、出でて営に臨まむ。乃ち汝内応《うちあひ》せよ」というものであるが、吹負が詐称したのは天武ではなく、高市の名であった。

六月二十九日と言えば、高市が天武との協議を経て、全軍事権を掌握した日である。不破と飛鳥では早馬でも一日は要するから、大和での吹負の蜂起は、不破における協議に連動したものではない。吹負自身の判断による、奇策の実行と見るべきだ。奇策の内容は壬申紀を読めば分るが、飛鳥寺に集められ、近江に向け当に出発しようとしている兵の中へ、褌姿で馬を乗入れた秦熊《はだのくま》が、「高市皇子、不破より至ります。軍衆多に従へり」と叫んだ為大騒ぎとなり、混乱に乗じて吹負や坂上熊毛達は、高市の偽軍令を以て兵を乗っ取ってしまった。徴兵の為に近江朝廷から派遣されていた責任者の穂積百足は斬られたが、高坂王以下朝廷側の人物も全く抵抗せずに、簡単に降参してしまったようだ。

ここでも高市の存在感を、改めて考えさせられる。天武の駅鈴要求は一蹴した高坂王が、高市には無抵抗だったのは何故か。

乗り替え

またそれ以上に興味深いのは、協力者として坂上熊毛と秦熊の名が出ることである。坂上は東漢氏、秦は文字通り秦氏であって、共に渡来氏族の代表格である。『書紀』に登場するのは共に雄略紀辺りからであるが、実際の渡来はそれ以前であろう。昨今の百済難民等とは比較にならぬ軍事力や経済力を有し、各地に揺るがぬ基盤を築いていた。しかし東漢氏は、蘇我本宗家が乙巳の変で失脚したのに伴い、倭国内での影響力を低下させ、一方秦氏も上宮王家滅亡で、旗印となる存在を失っていた。

東漢氏、秦氏共に強力な集団ではあるが、自らが倭国王の座に就くことは考えていない。東漢氏は蘇我氏の私兵のような形で勢力を拡大し、秦氏に至っては欽明即位前紀の狼の喧嘩仲裁記事からも分るように、王族間の紛争に割って入るほどの力を誇示しつつも、トップには立たない姿勢である。彼らの目指す処は倭国の有力者の懐中にあって、持ちつ持たれつの関係を築き、実利を得ることであった。その彼らが片や蘇我本宗家、片や上宮王家というパートナーを失い、後釜として白羽の矢の的としたのが高市ということは考えられないであろうか。

以上、壬申の乱の英雄高市皇子の実像に迫る推論を、壬申紀からピックアップして述べた。

高市が登場しない戦闘の記録などにも、興味深い記述は多くあるが、個別の検討は省略する。一言で言えば、近江朝廷軍は裏切りで自滅したのである。唯一勝勢であった乃楽山《ならやま》ルートも、近江側の将軍大野果安が、前述の大伴吹負を今一歩のところまで追い詰めながら、自ら撤退しており、戦意が感じられない。要は百済の為に、自分達がこれ以上血を流すのは厭だとの倭国人の意思表示であり、近江朝廷に対する拒絶反応となったものである。

乱の結果は周知の通りであり、天武朝の樹立となる。戦功ナンバーワンで人望もあった高市が皇位を天武に譲ったのは、義理とは言え親子関係にあり、年齢的にも即位を急ぐ状況になかったからであろう。

盤石に見えた高市の足元が揺らぎ始めるのは、天武六年の天武による東漢氏叱責、同七年の十市皇女の死、同八年の卑母拝礼禁止と続く辺りからである。

『書紀』によれば、高市の皇位継承順位は、草壁・大津に次いで三番目まで落とされているが、事実は成長した天武の長子である大津と、覇を競っていたのであろう。結果は大津が一歩先んじて権力を掌握したようで、朱鳥改元は大津によるものと私は考えている。

天武朝の末期は謎に包まれている。天武が何時、何処で死んだのかさえ定かではなく、『書紀』を鵜呑みには出来ない。その混乱の中で大津を倒し、草壁も制して、太政大臣として持統朝を取り仕切った高市ではあるが、外交に関しては天武朝の継続で、新羅一辺倒である。対唐問題は放置されたままであるが、尤も唐側も六八三年の高宗の死を契機とする武周革命の混乱で、倭国になど構っておれない状況下にあったことであろう。

武周革命については、第三章でも少し言及したが、唐朝廷内の権力移動といった程度で、外敵の侵攻によるようなものではない。しかし、形の上では李氏から武氏への易姓革命であり、最高権力者となった武則天は、中国初の女帝となった。

則天は内政重視の政策を採ったため、高宗時代のような唐の外圧は弱まり、倭国は唐(当時は周国であるが、実質は唐朝の継続である)との関係改善を図ることになるが、この難題に取り組んだのは、高市の死後即位した文武天皇である。

第七章

文武天皇の正体

外交面では新生日本国を唐に承認させ、内政面では大宝律令を完成させた稀代の名君、文武天皇とは如何なる人物か。更に、鸕野皇太后に贈られた「持統」なる諡号と、元明朝で登場する不改常典から、奈良時代の皇統を考える。

持統十年（六九六）七月、高市太政大臣は、対唐問題に着手することなく死んだ。『書紀』の記述は「後皇子尊薨」であり、「崩」ではないから、『大鏡』の記す如く即位はしていなかったのであろう。しかし天皇の大権は高市の手にあり、通説が持統天皇とする鸕野皇女は『懐風藻』が記すように、皇太后であった。

天皇不在だった持統朝

持統朝が天皇不在であったことは、高市の死後わずか半年で定策が行われたことで証明できる。定策の本来の意味は、大臣が天子の存立を謀ること（大漢和辞典）であり、この場合は『懐風藻』によれば、皇太后を始め皇族たちが一堂に会して、高市の後を誰に委ねるかの協議であった。

定策は持統十一年二月以前

『書紀』は持統十一年八月に「天皇定策禁中、禅天皇位於皇太子」と記すが、同年二月に東宮大傅の任命記事があり、これ以前に東宮、すなわち高市の後任を決める定策が行われていた。その内容は『書紀』では分からないが、『懐風藻』の証言があり、後述する。

余談であるが、『書紀』に「定策」の文字が記されるのは、顕宗即位前紀と持統紀の二度であり、何れも皇嗣決定記事である。定策の意味を知ってか知らでか「策を禁中に定めて」などと読み、訳の分らない話にしてしまった歴史学者の罪は深い。

対唐復交を果たした文武天皇

文武天皇は、天武、高市の何れもが為し得なかった対唐外交の復活を果たした、国史に残る偉大な為政者である。

『書紀』や『続日本紀』による定説では、幼名軽皇子、十五歳で即位し在位十一年、二十五歳で崩御とされる。だとすると天武十一年（六八三）生まれであり、壬申の乱で唐との間が断絶してから十年以上の歳月を経て誕生した若者である。彼自身はもとより、周辺にも嘗ての高向玄理のような、唐の事情に精通したブレーンは見当たらない。文武朝以降の国政でよく取り上げられる藤原不比等にしても、この時点では外交に関する限り、ものの役に立つとは思えない。

片や大宝の遣唐使は、則天による武周革命の定着を確認し、今を置いてないというようなタイミングで、倭国に代わる日本国の承認を取り付けた。この卓抜した外交センスと、基盤となる正確な情報や知識を持った人物は、一体誰であろうか。

二人の文武

文武天皇と新羅の文武王を同一人物とする仮説は、既に複数の研究者が指摘している。例によって歴史学会は一顧だにしていないが、それは正史である『書紀』『続日本紀』『三国史記』に記述がなく、片や日本の天皇、片や新羅王と住む世界が違い、生きた年代も半世紀近く違う、といった表面上の常識論に浸っているからである。

同一人物説の第一人者は矢張り小林惠子氏であろう。氏の引用史料の豊富さには、いつもながら圧倒される思いであるが、現在の私には確認不能の案件もあり、その主張の全てを対象とした評価など、到底できる立場ではない。しかし新羅の文武王が日本に来て、文武天皇になったという仮説は傾聴すべきものであると思う。

御年廿五、或七十八

同一人物説に立った場合、先ず両者の年齢の違いを説明しなければならない。文武天皇については先述したが、文武王の場合は『三国史記』には生年が記されておらず、没年のみが六八一年（文武王二十一年）と記されていて、没年齢は分らない。朝鮮側の史料には五十六歳没とするものもあるが（海東金石苑）、後世の物である。

後世の史料と言えば、鎌倉初期の『愚管抄』には、文武天皇の没年齢を「御年廿五、或七十八」と記しており、年数の違いの大きさから考えて、単なる計算間違いといったものではない。この点についての私の解釈は後述するが、矢張り鎌倉時代の『二中歴』には、人代歴の文武天皇の下に「天武太子」の書き込みがあり、少なくともこの頃までは『書紀』の皇統以外にも、様々な伝承が存在していたことが分る。

さて『愚管抄』の解釈であるが、私は文武王が日本に来て二十五年を過ごし、七十八歳で死んだと考えたい。そう仮定すると新羅出国が五十三歳となり、前述の朝鮮側史料とは少し違うが、当たらずとも遠からずである。とにかく生年を明記したものが無いのだから、三歳程度の計算違いは生じ得よう。

東海の竜

文武王陵が新羅に存在しないことは、周知の事実である。海中陵と伝えられる岩礁があるにはあるが、統一新羅王朝の開祖である偉大な王の陵墓としては、全く理解できない。また、遺勅で火葬にしたと「新羅本紀」は記すが、陵墓を造らなかった事実を隠蔽する為であろう。因みに新羅ではこれ以前に火葬の例はなく、この後もずっと後まで行われていない。

『三国遺事』等の伝承では、文武王が東海の竜になったと言う。東海とは日本海であり、即ち日本に渡ったことを暗示しているのだ。

建国したばかりの統一新羅を捨てて日本に渡来した理由を、唐の圧力によるもの、と小林惠子氏は述べておられる。確かにそれが最大の理由であろう。この時点では高宗が在世中であり、彼の憎悪を一身に浴びる形となった文武王が、自らを死んだことにして、唐の矛先を躱す策に出たことは、大いに考えられる。

尚、文武王の渡来については、小林氏が『すり替えられた聖武天皇』（小林惠子 日本古代史シリーズ、第八巻）に於いて詳述しておられるので、是非参考にしてほしい。氏の大胆な人物比定などには若干の違和感もあるが、讖緯説の解釈など、私の研究が遠く及ばない点が多々ある。私は小林氏を尊敬しており、その影響を受けたことは否定しないが、第一章でも指摘したように、誤りや無理と思われる解釈を鵜呑みには出来ない。七世紀から八世紀にかけての小林氏の史観についても、唐が日本の皇統を天智系と天武系に峻別し、干渉し続けたとまでは考えていない。

吉　野

文武王の渡来目的が唐の視線を逸らすことにあったとして、それが簡単に実現できた背景を考えておきたい。

先述の如く国籍に対する観念も希薄な時代ではあったが、加えて先の周留城無血開城以来、倭国の一部勢力と新羅は親密な関係になっていた。その勢力が親百済の近江朝廷を打倒した壬申の乱以降は、当然のことながら唐とは断絶状態になり、新羅一辺倒になっていたのだから、文武王にすれば亡命などという切迫感よりも、別荘へ一時疎開するような心境だったのではあるまいか。

唐倭の和解は新羅安定のため

来日後の文武王に目立った動きはない。唐の視線に触れぬよう、少なくとも高宗の在世中（～六八四年）は息を殺していたのであろう。唐との妥協を図りつつ統一新羅王朝の権益保持を図る後継の神文王に、派手に動いては累が及ぶ恐れがある。

そして高宗の死後、則天の全権掌握を確認して、彼は吉野を拠点に再度動き始める。しかしいきなり倭国王位の簒奪などという過激なものではなく、倭国王の相談役といった立場で、天武がやり残した唐との国交回復に知恵を絞ったものと思う。

新羅は曲がりなりにも唐と和解した。残るは倭国である。これを放置しては、極東に真の平和は望めない。そして一度火の手が上がれば、朝鮮半島に飛び火すること必至である。文武王は倭国の為というよりも、新羅の安定を願って行動を起こしたのであろう。

吉野行幸

持統紀の謎の一つに、天皇の度重なる吉野行幸がある。これを女帝が嘗て夫の天武と暮らした頃を懐かしんで……などという説明が罷り通っているが、気楽な研究をする学者がいたものである。そもそも持統紀に記された天皇とは誰なのか、それすらが謎なのである。

『書紀』が記す持統天皇は天武妃の鸕野皇女であるが、『懐風藻』では鸕野を皇太后と記しており、この方が正しい。本章の冒頭で述べたように、高市太政大臣の死を受けて定策会議が行われたのは、事実上の天皇が不在となり、皇嗣を決めるためである。鸕野が本当に天皇であったなら、自分で皇太子を指名すればよい訳で、定策会議など不要である。

また、天皇の吉野行幸は、鸕野が即位したと『書紀』が記す持統四年以前から始まっており（初出は三年正月）、この時点では皇太子と記されていた草壁皇子も健在であったから、ますます謎は深まる。

二中歴「天武太子」の意味

そこで気になるのが、先述の『二中歴』が文武天皇の下に書き込んだ「天武太子」の意味である。大胆な推論を述べるなら、天武死後に激化の様相を見せ始めた権力闘争を押さえ込んだのは、吉野に居た文武王なのではあるまいか。勿論倭国の混乱が、新羅に与える悪影響を懸念してのことである。

その結果、大津、草壁と有力視された天武の後継者が姿を消し、高市の施政を裏から支えつつ、無視し難い勢力を持つ鸕野の相談相手にもなっていたものであろう。唐の目を意識して黒子に徹しており、吉野から出て表舞台に立つことはなかった。

懐風藻に見る高市死後の定策会議

その状況を一変させたのが、高市太政大臣の死に因る定策会議である。『懐風藻』によれば「高市皇子薨じて後、皇太后、王公卿士を禁中に引きて、日嗣を立てんことを謀る」とあり、鸕野皇太后の主催で開かれた。

天武の遺児を退けた持統

定策の定義は先述したが、鸕野の狙いは天武の遺児である長皇子や弓削皇子を退け、自らの直系である草壁の遺児である軽皇子の推挙にあった。

その際鸕野は、若年の軽皇子を補佐すべく、百戦錬磨の文武王の担ぎ出しを図ったものと思う。文武王が唐の視線を意識して、皇位簒奪などといった暴挙に出ないことは計算済みである。

鸕野の意を受け、異を唱える弓削皇子を押さえて、軽皇子擁立に持ち込んだのは、故大友太政大臣と矢張り故人となっていた十市皇女の遺児である葛野《かどの》王である。近江朝廷の系譜に属する彼が、王族として生存できたのは、母十市の存在によるものであろうが、その十市も死んだ今となっては、権力者の鸕野に迎合せざるを得なかったのであろう。

兄弟相続を否定

注目すべきは、弓削皇子を押し切った葛野王の発言である。「我が国家の法為《た》るや、神代よりこの典を以て仰いで天心を論ず。誰かよく敢へて測らん。しかも人事を以てこれを推さば、従来子孫相承して以て天位を襲ぐ。もし兄弟に相及ぼさば、即ち乱《みだれ》此により興らん」というもので、兄弟相続否定論を展開している。

高市は先述の如く天武の養子だから、弓削とは義理とはいえ兄弟である。軽は矢張り高市の義兄弟である草壁の子だから、一世代後ということになり、一応親子世代相続となる。この場合は軽の一歳年下で、高市の遺児の長屋王も居たのだが、名前すら出ないことから見ても、高市の死因に尋常でないものを感じる。恐らくは高市に代わって権力者となった鸕野皇太后に睨まれぬよう、息を殺していたのであろうが、長屋王については本論から逸れるので、ここではこれ以上論じない。

このように『懐風藻』の証言はリアルであり、信憑性は高いと思う。だとすれば定策で擁立された軽皇子、即ち一般に文武天皇とされる人物は実在であり、文武王との同一人物説とは相容れない。本件についての私の推論を次に述べる。

火葬された「豊祖父」とは誰か

結論から先に言えば、文武朝の為政者は、新羅から来た文武王である。

対唐関係を改善

その治世の実績を見れば、外交面では既述の如く対唐関係の改善に手を付け、倭国の過去の古傷を残さぬ新生日本国として、遣唐使を派遣した。則天が唐の朝廷を横取りした武周革命の虚に乗じ、千歳一遇のチャンスを捉えたものである。

倭国を消滅させるという奇策は、唐の敵役となった文武王自身を死亡したことにして、相手の矛先を躱すのと同じ発想であり、天智と近江遷都同様、一度味をしめた成功体験の再現である。外交に疎い旧倭国の面々では、到底無理な話であろう。まして弱冠十五歳で即位した青年王に出来る芸当ではあるまい。

尚、〈はじめに〉で述べた「新羅本紀」文武王十年（六七〇）の倭国の国号変更記事であるが、上述のように文武朝の対唐関係の改善に文武王自身が関与していたとすれば、表向きの記述とは異なる様々なケースが考えられよう。六七〇年と言えば天智九年であり、国号変更が唐の冊封下で行われたものだと、煙幕を張った可能性もある。

律令制度を開始

内政面では大宝律令の制定がある。これ以前にも近江令等、不完全な下地は存在したかもしれぬが、本格的な律令制度はここから始まった。しかもこのような大事業を手がけながら、謀叛や粛清といった血なまぐさい事件がほとんどない。

因みに先の天智、天武朝では大戦争もあり、王族の不審死も相次いだ。また後に続く奈良時代も、長屋王家弑逆事件に始まり、井上《いがみ》内親王と他戸《おさべ》皇太子の殺害で天武系の血統が絶えるまで、抗争に次ぐ抗争の連続で、「青丹よし」などと優雅に過ごせる時代ではなかった。その中にあって文武朝の治世は、際立っていると言えよう。

稀代の名君とも言える文武天皇であるが、その諡号は天之真宗豊祖父《あまのまむねとよおほぢ》として即位し、倭根子豊祖父として火葬に付された。豊祖父が二十五歳で死んだ青年の諡号とは思えない。

冊封の歴史と共に消えた倭国

それでは軽皇子はどうなったのか。それを考える鍵の一つは持統の諡号であり、今一つの史料は「東大寺献物帳」の記す黒作懸佩刀《くろつくりのかけはきのたち》の話であろう。

軽皇子は即位せずに死んだ

黒作懸佩刀の由来は、概略次のようなものである。本来この太刀は日並皇子《ひなみし》（草壁）愛用の物であったが、太政大臣（藤原不比等に死後贈位されたもの）に下賜され、大行天皇（文武）即位時に不比等から献上された。文武が没すると、再び太刀は不比等に戻され、不比等没時に後太上天皇（聖武）に再度献上されたというものである。

この話が事実であれば、不比等の役割が分らない。草壁から軽を経て首皇子《おびと》（聖武）へと続く家系の神宝伝達であれば、何故不比等が介在するのであろうか。因みに草壁の死は持統三年であるから、十五歳で即位したとされる軽は七歳になっていた。親から子へ、直接の神宝伝達が出来ない年齢ではない。尤も草壁の死が暗殺などといった尋常でない場合は、第三者の手を経ることも起こり得ようが、八年もの時を経て返却とは不自然である。

この点につき小林惠子氏は、文武天皇と文武王が同一人物との立場から、新羅の文武王を草壁の子にして、日本の天皇に位置付けたのは不比等であると見ておられる。しかしそうなると、首皇子が大宝元年生まれであるから、文武王が七十八歳没であれば、七十歳を過ぎてから生まれた皇子になる。可能性皆無とは言わないが、いささか現実的とは思えない。

矢張り軽皇子は実在したと思う。そして文武王よりも先に、即位することなく死んだのであろう。もし彼が長寿であったなら、元明、元正朝は存在しなかった筈である。

不比等の介在

文武王は倭国において、文武天皇として数々の治績を残し、慶雲四年（七〇七）に死んだ。『続日本紀』では文武天皇が後継者に指名したのが草壁妃であった阿閇《あへ》皇女（元明天皇）とされているが、それは分らない。文武王は元々倭国の王族ではないし、軽の遺児の首皇子はまだ七歳であるから、有力候補と言えば二十四歳（公卿補任では二十五歳）になっていた長屋王である。しかし実際に即位したのは元明で、中継ぎとしての即位であるが、この辺りに先述の黒作懸佩刀に託して語られる藤原不比等の介在が感じられる。

元明は自ら望んで即位した訳ではない。『続日本紀』では病床の文武天皇から後継即位の要請を受け、何度も固辞したと言う。文武の要請の有無は怪しいが、長屋王の即位阻止のために自分が擁立されそうになった時、彼女がクーデターを恐れたのは当然であろう。

それを元明の同母姉であり、長屋王の母でもある御名部《みなべ》皇女に狙いをつけ、双方が妥協できる条件で話を纏めたのが藤原不比等であり、平城京遷都を始めとする不比等の時代は、此処から始まったと私は思う。その条件とは、未だ朝政に参加していなかった長屋王を、とりあえず従三位宮内卿として迎え、最終的には高市同様に人臣の最高位を約束し、代わりに武力行使はしないというものである。

その際に交わされたと思われる歌が、万葉集に残されている。

ますらをの鞆《とも》の音すなり物部《もののふ》の大臣《おほまえつきみ》楯《たて》立つらしも（元明）

わご大王《おほきみ》物な思ほし皇神《すめかみ》の継ぎて賜へるわれ無けらくに（御名部）

物部大臣とは石上麻呂であり、彼等長屋王派の武力行使を恐れる元明に、貴方の傍に自分がいるから大丈夫だと御名部が言っているのだから、不比等の仲介が行われた直後の歌であろう。

この約束は不比等の存命中は守られ、不比等の死後の元正朝は長屋王時代となる。

不改常典と「持統」

処で不改常典なる厄介な代物が、この時点で登場する。

不改常典とは天智が定めた皇嗣継承のルールだとされるが、それは元明天皇が即位の宣命で言っていることで、真偽は分らない。一般には直系の長子相続と解釈されているが、東宮大皇弟であった天武を廃し、息子の大友を即位させたいと思っていた天智が考えたケースは有り得よう。

元明は天智の娘だから、そのことを知っていても不思議はないのだが、宣命の中で不改常典を守れと命じたのは鸕野皇太后だとも言っている。

鸕野は先に定策会議において、自らの直系長子相続を念頭に、草壁の子である軽皇子を擁立させるべく、不改常典を持ち出したのであろう。

不改常典は天智の考えであったかも知れぬが、皮肉にも一見天武系男子相続である。しかしその実態はと言えば、鸕野の子孫による皇位継承に他ならない。その結果、鸕野は天皇に即位していないにも拘らず、血統を伝えたことを意味する「持統」の諡号で呼ばれることになった。

かくて唐（周）の承認を得た日本国が誕生し、倭国は冊封の歴史と共に姿を消した。日本史は奈良時代へと移る。

あとがきに替えて

私の古代史研究は、一口に言えば常識と雑学の累積である。一応文献史学を建前としてはいるが、常識で考えられないことは、史料に記載されていても無条件では受け入れない。まして現代の専門家や権威と称する人たちが、自説の展開に際し、時として常識の範囲から逸脱している様を目にすると、歴史学者とは便利な商売だと興ざめしてしまう。この種の珍説奇説は安易に書物となって、一般読者に悪影響を及ぼす罪深い性格のものが多い。

一例をあげる。

嘗て私の所属していた古代史研究会で、邪馬台国に至る魏使の通過ルート中、帯方郡から狗邪韓国迄を巡って激論が交わされた。片や韓半島西海岸を船で南下したとする旧来の説、一方は古田武彦氏が提唱した半島内ジグザグ陸行説である。しかし両説共に私の常識では受け入れがたく、失望して席を立った。

半島西岸を船で南下すれば、済州島、五島経由で九州へ渡るのが自然なルートであり、再度北上して狗邪韓国に立ち寄らねばならぬ必要などあるまい。ジグザグ陸行に至っては更に噴飯もので、どの程度の道が存在したかも分らず、虎や狼に出くわす可能性を考えただけでも、朝廷の使者ともあろうものが、そのようなリスクを冒すことなどありえない。

では常識で考えればどうなるか。ほぼ間違いなく川舟であろう。河川は人類の最も古い交通路であり、川舟は安全かつ経済的な運搬手段として、日本でもつい百年ほど前までは各地で利用されていた。下流では櫓を漕ぎ、中流では棹をさし、上流では牛馬や人間が曳く。主な河川には今も舟曳路の痕跡を残すものが少なくない。

魏使の場合、漢江を遡って洛東江を下れば、狗邪韓国に至ること必然である。何処の支流に入り、何処の峠を越えたかなどといった細部の問題は分らないが、常識で考える限りこの結論は動かない。

これは白村江や壬申の乱でも同様である。古代史がテーマと言うだけで何でもありの空想の産物に出会うこともままあるが、高々千三百数十年前に、我々と同じ遺伝子を持つ先祖がどうしたかの話である。物質文明が如何に変化しようと、考えることが左程変わる筈がない。戦いの場面の想定にしても、飛行機や銃器といった後世の産物を除外した上で、自分ならどう戦うかを考えて見れば、自ずからそれらしい状況が思い浮かぶ。火攻めが必至の舟戦で、風向きを考えていないなどと、古代人を馬鹿にしてはいけない。分っていながら対応できなかった理由を考えるべきである。本書はそれら常識の産物である。

今一つの雑学とは、考古学、民俗学などといった枠を超えて、参考になる話には出来る限り耳を傾けたということで、特別なことではない。私の場合、多少なりとも特徴的な点があるとすれば、フィールドワークと称して古代史の舞台となった場所に足を運ぶよう心掛けてきたことであろう。

現地に行ったからといって、改めて何かが分るということは先ずない。古代を偲ぶ縁《よすが》すら見られず、失望して帰路に就くことが多いのであるが、時には思いがけない伝承を耳にしたり、郷土史家の独自の研究を拝聴したり、それなりの成果を得たこともあった。加えて何よりも現地に身を置き、昔ながらの姿であろう山や川を眺め、古代に思いを馳せることは、たとい自己満足にすぎぬものであっても、私にとって得難い時間であった。

それらの旅の記録の大半は、〈はじめに〉で紹介した「古代の風」に〈古代史・風狂紀行〉として掲載された。本書でも第六章に「自害が峰」の一部として引用したが、他にも本書の内容に関係がありながら、しかし一般にはほとんど知られていないか、名前は知っていても訪れる人が極めて少ないと思われる場所を、紙数の許す範囲で紹介し、あとがきに替える。

●藤白坂（和歌山県・海南市）

紀勢本線の海南駅から国道沿いに南下する。藤白神社へは、道を尋ねながら歩いても三十分ほどの距離だ。「熊野一之鳥居、自是熊野街道」の石碑が示す如く、熊野霊域の入り口であり、往古は熊野遥拝所として栄えた。

神社の祭神は熊野三山の神々に加えて、後世の合祀と思われるアマテラスなど賑やかな顔ぶれであるが、本命は全国の鈴木姓のルーツを自称する熊野三党の鈴木氏が、氏神として祀る速日命であろう。

社伝によれば景行五年に神が鎮座し、斉明天皇の紀州行幸の際に神祠が創建されたという。有間皇子の悲劇はこの時のことであり、それまで神祠が無かったということは、有間の怨霊を鎮める為に建立された御霊神社の可能性が高いのではあるまいか。

怨霊信仰は平安時代以降のものとする歴史学界の通説は、完全に間違っている。文献に初めて記される怨霊が早良皇太子だと言うだけのことで、死者を弔う習慣は太古からあり、子孫によって祀られることのない霊を怨霊として恐れた例は数多くある。天武系皇族の最後の血統として抹殺された井上《いがみ》内親王は陵墓そのものが御霊神社であるし、聖徳太子怨霊説なども、一族の末路を考えるとそれなりに理解できよう。

『書紀』によれば、斉明が紀州の湯治に出かけるように仕向けたのは有間である。その留守に決行する筈のクーデターが、蘇我赤兄の裏切りで失敗に終わり、逆にとらえられて紀州の行幸先に送られ、中大兄の尋問を受けた後、藤白坂で絞殺されたという。

しかしこの話はどうも怪しい。万葉集は有間の歌を「自ら傷みて松が枝を結ぶ歌二首」として、

磐白の濱松が枝を引き結びまさきくあらばまたかへり見む

家にあれば笥に盛る飯を草まくら旅にしあれば椎の葉に盛る

と記すが、第二首からは危機感も悲壮感も感じられず、むしろ旅を楽しんでいるようなムードである。これは往路の歌ではあるまいか。

だとすれば有間はクーデターなど考えてはいなかった。適当な口実で紀州に呼び出され、僅かな側近だけを供に出かけて行ったのは不覚であり、十九歳の有間の甘さである。思いもかけぬ濡れ衣に身の危険を覚え、何とか飛鳥か難波まで帰って、善後策を講じよ

うとしたのであろう。それが第一首の歌である。しかしその願いも空しく、有間は送り狼の餌食となって果てた。

　有間皇子の墓碑は、神社の境内を出て藤白坂の上り口にある。墓碑に別れを告げて藤白坂を登り始めた所で、朝からの曇天が遂に雨になった。本日の熊野街道は、終日早春の冷雨のようだ。

●麻氏良布《まてらふ》神社（福岡県・朝倉市）

　麻氏良布神社は麻底良山の山頂にある。山と言っても標高三百米足らずで、細いながらもしっかりした登路があるから、参拝には困らない。麓の普門院に駐車させてもらって、柿畑の中を登る。途中の分岐を右にとれば、やがて山頂だ。

社殿は予想以上に荒廃していた。今も年一回の祭礼は続けられていると言うが、普段は訪れる人も稀なのであろう。『延喜式神名帳』や『三代実録』に記載された格式高い古社ではあるが、現代では観光の対象でもなく、山上という足場の悪さを考えれば仕方のないことかもしれぬ。

　だからといって軽視してはいけない。ここに鎮座しますのは、斉明天皇を呪い殺したと言われる恐ろしい神なのである。

斉明紀によれば、朝倉橘広庭宮（以下朝倉宮と言う）造営の為に朝倉社は追い立てを食らい、それを怒った祭神の麻氏良布の神が数々の祟りを為し、遂に天皇を死に至らしめたと言う。天皇の死因が祟りとは書かれていないが、近侍の者が多数死んでいるのだから何らかの異変があり、天皇も共に死んだと考えるのが妥当であろう。

斉明天皇の死の真相については、本文中で私見を述べたので重複は避けるが、注目すべき要点は、太宰府という既存の都城が近くに存在するにも拘らず、何故朝倉宮の造営が必要とされたかである。

これを斉明が土木工事を好んだからとした説は受け入れ難い。確かに斉明朝では両槻宮造営など、工事が多い。しかしそれは飛鳥の都を強化するための大規模な山城造営であって、斉明の嗜好とは関係ないことだ。高句麗が隋の大軍を撃退した遼東城の戦いの教訓から山城の有効性が再認識され、倭国でも各地で築城工事が行われた。因みに太宰府では既存の宮地岳山城に加え、水城、大野城、椽城と補強している。また、考古学者の一部で言われる「太宰府の成立はもっと遅く、斉明の時代には都城と言える状態ではなかった」との妄言を否定する論拠にもなろう。

ところで麻氏良布神社は何処から遷されてきたのだろうか。言い換えれば遷座前のその地こそ、現在は不明とされている朝倉宮跡である。

麻底良山の北西に当たる須川地区には長安寺と呼ばれた古代寺院跡があり、地元では其処を朝倉宮跡として立派な石碑を立てているが、発掘調査では奈良時代以降の物しか出土していない。また斉明の仮埋葬地と言われる恵蘇八幡宮の古墳も、斉明よりは一時代古いと考古学者は言う。だとすると恵蘇八幡宮の一郭に木の丸殿を建て、中大兄皇子が斉明の菩提を弔ったという伝承も怪しくなってくる。

いま一つの候補地は麻底良山の東麓で、筑後川に面した志和地区である。大分自動車道建設工事の調査で、時代の一致しそうな大型建物跡が複数確認された。但し宮殿跡ではなく、倉庫のようだと言う。また麻底良山に続く斜面にも、奈良時代の火葬墓の下層に複数の掘っ立て柱跡が確認されており、志和地区のものと同時代と見られる由。すぐ近くに杷木の神籠石があり、筑後川に面した要害の地でもある。発掘は道路工事の対象地しか行われておらず、案外隣接地に宮殿跡が眠っていないとも限らない。

もう一つ、気になる話を紹介しておこう。麻氏良布神社の縁起では、中大兄が白村江の敗戦以後もずっとこの地に残っていたという。木の丸殿の伝承もその一部であるが、『杷木町誌』が引用するその部分は「筑紫に六年ましまして、翌年春正月三日近江国滋賀宮に御即位なされ給う、即ち三十九代の帝天智天皇のよし見えたり……」である。そういえば『書紀』はこの間の天智の所在を記していない。近江遷都の前年の冬、京都の鼠が近江に移ったと記しているが、鼠がいた京都とは何処なのだろう。

伝承とは言え、また難題が生じた。これだから古代史研究は止められない。

●鬼室神社（滋賀県・日野町）

水口町からの有料道路を下りて日野町に入ると、ハングルを併記した鬼室神社への道標が現れる。鬼室福信が祀られる韓国の恩山面との姉妹都市提携によるものらしいが、おかげで人影も稀な山中の路を、迷うことなく鬼室神社に辿り着くことができた。

此処に祀られているのは、福信の子とされる鬼室集斯である。二人の親子関係を確認する史料はないが、福信の功を以て集斯に小錦下の位が授与されたのだから、浅からぬ関係であったことは間違いあるまい。

鬼室集斯の墓がこの地にあることは、『書紀』の記述からも頷ける。近江朝廷が百済人勢力を藩屏として配置していたことは、壬申の乱の展開を見れば一目瞭然だ。七月二日に不破を出発した村国男依率いる東軍が、湖東を南下して瀬田の決戦に臨んだのは七月二十二日である。同時に不破を出て大和ルートを採った置始菟《おきそめのうさぎ》の騎馬隊が、早くも七月四日に墨坂で大伴吹負と合流している事実と比べれば、湖東の百済人達の抵抗が如何に激しいものであったかがよく分る。

　鬼室集斯達亡命百済人が、大勢近江朝廷に仕えたことは事実である。しかし彼らがどのような手段で倭国に亡命し得たのかという点は、あまり語られていない。白村江の敗戦後に彼らが自力で大挙して渡来するのは不可能であり、本文中で述べた如く、大半は新羅によって半島から追われた者達であろう。近江遷都は天智が倭国の旧勢力の干渉を避けつつ、倭国内で百済王朝を復活させるものでもあった。

　事情はどうであれ、百済人達にとっての近江は、やっと得た安住の地である。壬申の乱では近江朝廷の為というよりも、自分たちの生活を守るために、ここを先途と戦ったことであろう。瀬田の決戦で近江朝廷軍を指揮した智尊《ちそん》は、その名から推して百済人ではあるまいか。

　墓碑によれば鬼室集斯の死は朱鳥三年である。祖国を追われ、異郷の地で学職頭の官職に就いたのも束の間、近江朝廷の崩壊で山中に埋もれて過ごすこと十余年。天寿を全うし得たとすれば、この時代では幸運と言うべき人生であったかも知れぬ。

●八剱神社《やつるぎじんじゃ》（福岡県・鞍手町、他）

八剱神社は遠賀川の河口から中流域にかけて八社点在する。祭神は日本武尊で、熊襲征伐の際の立ち寄り地だと言われている。

その一つ、鞍手町の八剱神社には、興味深い伝承がある。『書紀』天智七年条末尾の「是歳、沙門道行、草薙の剣を盗みて新羅に逃げ向《ゆ》く。而して中路に風雨にあひて、荒迷《まど》ひて帰る」と記述された草薙の剣が、この神社に一時保管されていたと言うのだ。同社の世襲宮司である田部家に伝わる話であり、それを記した古文書が、鞍手町の歴史資料館に保管されている。

草薙の剣は倭国の神宝である。三種の神器の一つであり、倭国王の権威の象徴でもあった。その神宝が何処から盗まれたと言うのであろうか。

天智七年（六六八）は天智即位の年である。宝剣を盗んだ沙門道行の目指した先が新羅であったと言うのだから、天智の即位を認めたくない勢力が関与していることは間違いないが、それを単純に天武の勢力と見ていいのかどうか。

当時この辺りは筑紫率の支配下であったが、この筑紫率の人事がまたややこしい。『書紀』によれば天智七年七月条で栗前《くるくま》王を筑紫率に任じ、翌八年正月には蘇我赤兄を任じ、更に十年六月には「栗隈《くるくま》王を以て筑紫率とす」と記されている。岩波の補注では栗前王と栗隈王を同一人物としているが、だとすれば筑紫は天武側の勢力が優勢であったかも知れぬ。

栗隈王は壬申の乱勃発に際し、近江朝廷の派兵命令を断固拒否した紛うことなき天武派である。片や蘇我赤兄は天智の片腕として有間皇子を罠に嵌め、近江朝廷の左大臣までのし上がった人物であるが、八年秋に死んだ藤原鎌足の弔問を天智から命じられ、鎌足邸を訪れているから、実際に筑紫に赴任していたかは疑問である。

天智派と天武派の勢力争いの谷間で、結局草薙の剣は天智、天武何れの手許にも直ぐには届けられず、八剱神社に保管された。その理由を田部家の伝承は「往古の縁により」として、本来日本武尊の持ち物であったからと説明するが、それは如何なものであろうか。逆に草薙の剣が置かれていたから、その持ち主として有名な日本武尊が祀られた可能性はどうであろうか。

草薙の剣が再び『書紀』に記されるのは、朱鳥元年六月条である。「天皇の病を卜《うらな》ふに、草薙の剣に祟れり。即日に、尾張国の熱田社に送り置く」とあるから、その時点では天武の宮殿に移されていたのかも知れぬ。

草薙の剣は天智、天武の何れにも馴染まなかった。私は本文中で両者共に今来の渡来人と位置付けたが、草薙の剣はやはり倭国古来の神宝なのであろう。

遠賀川河口の水巻町にも八劔神社があり、銀杏の巨木が有名である。樹齢千九百年と地元では言うが、これは日本武尊から逆算したもので、科学的な根拠はない。

しかしこの銀杏がＤＮＡ鑑定の結果、韓国慶尚北道亀尾市の銀杏の古木と同じ遺伝子を持つことが最近分かった。遠賀川一帯は古来新羅との往来が盛んであった地域である。沙門道行はこの辺りから新羅に渡ろうとして果たせず、草薙の剣は倭国王家に関係する何者かの手を経て、鞍手町の八劔神社に隠されたものであろうと私は思いたい。むろん勝手な推測にすぎないが……。

千数百年の時を経て、銀杏は今年も美しく色づいた。神剣を巡るいざこざなど、世間の些事を超越したその姿には、日本武尊の方が似合うかもしれぬ。

小松洋二（こまつ ようじ）
1940年生まれ。兵庫県姫路市出身。
福岡市在住。

日本国の誕生
白村江の戦、壬申の乱、そして冊封の歴史と共に消えた倭国

2016年8月20日　初版第1刷発行
定価はカバーに表示してあります

著　者　小　松　洋　二
発行者　米　本　慎　一
発行所　不知火書房

〒810-0024　福岡市中央区桜坂3-12-78
電　話 092-781-6962
F A X 092-791-7161
郵便振替　01770-4-51797
制作　藤村興晴（忘羊社）／渡邉浩正
印刷・製本　モリモト印刷

落丁本・乱丁本はお取替えいたします　Printed in Japan

ISBN978-4-88345-110-4 C0021